これが支店長の仕事だ

勝つための営業店づくり

Work of Branch Manager

大内 修 Ouchi Osamu 著

近代セールス社

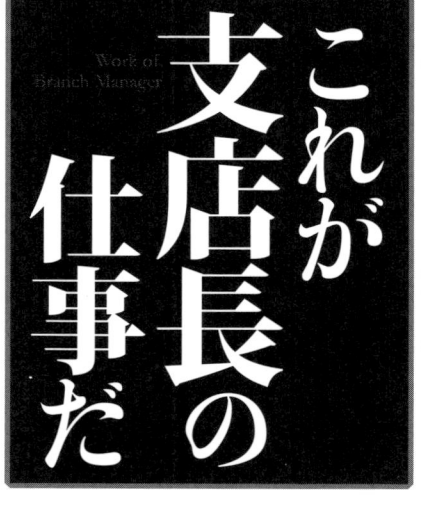

はじめに

支店長は、一定のテリトリーを任される金融機関の「顔」であり、支店規模の大小を問わずそのテリトリーを受け持つ「経営者（社長）」である。

取引先企業の業績は社長の手腕によって大きく変化するが、同様に、支店業績も支店長次第でいかようにも変わってしまう。

2～3年の周期で転勤する支店長のスキルは、金融機関の組織の中に蓄積されず伝承されていくことはない。輝かしい実績を収め高い評価を受けた支店長であっても、現職を離れれば、そのスキルやノウハウは、後任支店長にも金融機関組織の内部にも蓄積されることなく、それぞれの支店長の属人的なスキルとして埋没していく。同様に、マネジメントがいい加減で業績を落とし部下のやる気をすっかり削いでしまったような支店長の悪弊も、組織の学習として蓄積されず防止策がとられることはない。

例えば、優れた支店長が支店の業績を上げ、取引先から高く評価され、部下メンバーのモラール（やる気）も大いに盛り上がったとしても、引き続き優れた支店長が後任者になればよいが、そうでない場合は、次の支店長にバトンを渡したとたんに、前任者の人間性はもとより経営手法までもが一瞬にして消え去り、また新しい支店長の持ち味で「ゼロ」

から出発する。その結果、徐々に業績は悪化していき部下のやる気も失せ、取引先からの信頼も失われ、好業績も半年もすればダウンに向かう――こんなこともしばしばある。

前任支店長が、不適切なマネジメントで業績を低迷させ支店メンバーを疲弊させ、取引先からも不評で支店のパフォーマンスを著しく落としたような場合には、建て直しのため人事所管部門が後任者に優れた人材を投入することがあるが、それでも業績回復には少なくとも半年から1年以上必要となろう。

むろん、すべての支店長は、かつて、様々な支店長に仕え、良きにつけ悪しきにつけ「先輩支店長」から学び、自分が支店長になる日を迎えるわけだから、組織の学習が全くなされない、ということはない。現在支店長である者もかつては部下であった時代があり、支店長を実に細かく観察していたはずである。自分が支店長になった時は「○○支店長は素晴らしかったから、この点は学んで真似しよう」「あの人はひどかったから、絶対そうならないようにしよう」と考えたのではないだろうか。

しかし、それとて、自分が後日支店長になってみれば、よほど謙虚で能力に溢れた人でない限り、昔の学習を忘れ、引継期間中は「前任者の良いところは学び継承していく」などと言いながら、引継ぎが終わったとたんに自分流を前面に押し出す。

前任者との引継ぎが終わったその日から誰もが、何の根拠もなく（敢えて言えば「理由なき自信」）、強い決意を持って「自分のやり方でやり通す」「我流」に徹する（？）支店長になることが多い。昔からこの繰り返しだ。

この結果、取引先にとっては（昔からそうだからすっかり慣れているとは言え）、支店長異動のたびに微妙に（あるいは大きく）変化する「取引（審査）方針」や「傾聴姿勢（取引先と同じ目線に立って生の声に耳を傾ける真摯な姿勢）」に戸惑い迷惑し辟易する。部下もそのたびに変化する経営手法に合わせていくのは、正直なところ大いに面倒だ。


金融機関は、「経済の血液」であるお金を社会に健全に循環させ「金融を通じて企業を育成し経済を活性化させる」という極めて重要な役割を担っており、取引先にとっては、金融機関との安定的な取引関係の構築・維持が、事業経営の成長や繁栄を図る上で欠かすことのできない極めて重要な要素となっている。それゆえに取引先は、金融機関（支店長）に対して、金融機関のあるべき姿として、取引（審査）方針や傾聴姿勢など少なくとも「支店経営の基本」に関しては、支店長が変わってもできるだけ「一貫性」が維持されるべきである、と強く願っている。

本書は、こうした趣旨、すなわち、支店長が変わってもできるだけ支店経営に一貫性を持たせるために、拙著「支店長の仕事」（1995年近代セールス社刊）も参考にしつつ、メガバンク、地方銀行、信用金庫、信用組合の名支店長が実践している最新の支店経営の基本となる要諦を整理し、支店長の指針としてとりまとめたものである。

支店長となったら、本書を参考にして早期に支店経営の基本となる心得（心構え）、実践的手法を習得し、支店経営スキルを向上させ、テリトリーにおいて取引先やお客様の信用・信頼を勝ち取り、部下たちからも慕われ、競合する他金融機関の支店長に負けぬ立派な支店経営に取り組んでほしい。そして、それを高いレベルで後任者へと引き継ぎ、後任者もそれをできるだけ一貫性をもって受け止めてさらに向上させていく――こうした好循環ができることを願っている。

本書は、金融機関の支店長のほか部長や役員はもとより、ノンバンクや金融機関以外の支店長や支社長、親会社から転籍した子会社社長にも経営手法を学ぶ上で役立つ内容となっているのでご一読をお勧めしたい。

平成25年8月　大内　修

目　次

第2章　経営方針を示す

第3章　目標を達成する

第1章
基本となる５つの心得

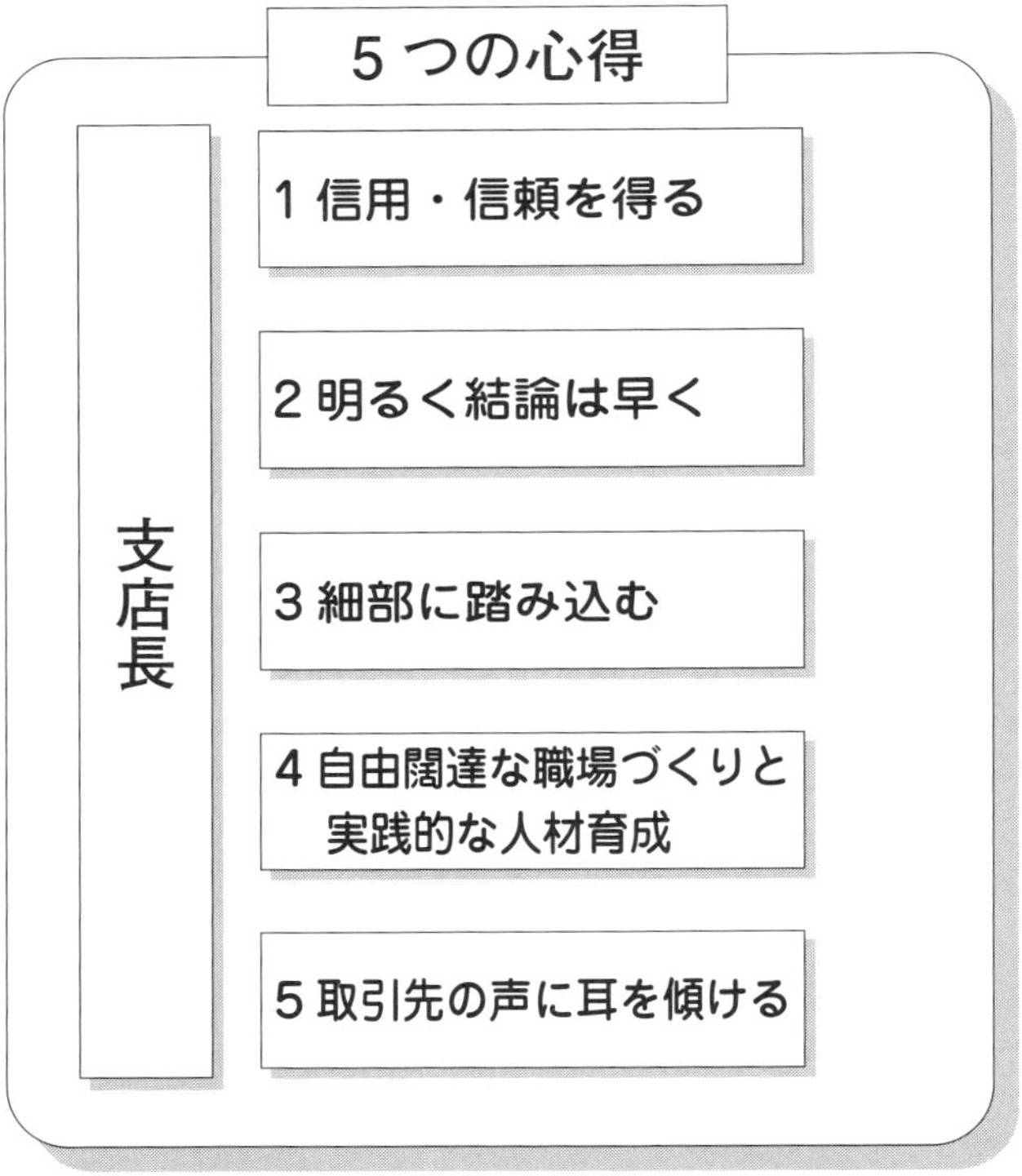
5 つの心得
支店長
1 信用・信頼を得る
2 明るく結論は早く
3 細部に踏み込む
4 自由闊達な職場づくりと
実践的な人材育成
5 取引先の声に耳を傾ける

1 信用・信頼を得る

(1)信用・信頼が第一

支店長の人柄や持ち味は実に多様である。

学究肌、スポーツマンタイプ、真面目、極めて優秀、親分肌、思考が弾力的で当《とう》意《い》即《そく》妙《みょう》（機転がきく）、ウイットに富み軽妙洒脱《けいみょうしゃだつ》、「清濁併せ呑む」度量の広さを持つ、「計算高く利に敏い、目敏い」、など極めて多種多様な人がそのポジションに就いている。

そうした多種多様な人が支店長になっているが、どのような人柄や持ち味の持ち主であれ、支店長になったからには、青天白日、攻めにおいても守りにおいても、取引先やお客様に対しても部下たちに対しても、本部に対しても、何事につけ、何らやましいところなく、常に正々堂々として「正しい（誠実・正直・真摯）」姿勢で支店経営にあたり、「人」として恥じることのないよう節度を持ち、決して後ろ指を指されるような軽はずみな行為や行動をしてはならない。

関係法令遵守（コンプライアンス）、金融機関に特に強く求められる守秘義務、優越的地位の濫用や当局の定める指導・ガイドラインはもとより、内部規定や行動原則、権限規定を守らなければならないのは当然である。パワハラ、セクハラの厳禁は言うまでもない。

定められた権限を逸脱して独断専行してはいけないし、後日重大な問題に発展しそうな案件や、軽度でも本部や他店の「耳」に入れておいたほうがよさそうな事柄等については、本部所管部門に報告し相談した上で対処するといった周到さが求められる。

これが、支店長に不可欠な最も大切な心得（心構え）だ。

金融業（経済の血流を担う役目）を営む者が取引先や社会（世間）から強く求められていることは、昔も現在も将来も、「あの金融機関は手堅く、あそこと付き合っていれば安心だ」という「信用・信頼」に他ならない。

もとより、あらゆる企業はそれぞれに社会的役割を担ってその責任を果たしており、社会に存在しその支持を得ていくためには、すべての関係者（ステークホルダー）から厚い「信用・信頼」を得なければならない。そうでなければ市場から敗退していくほかない。その意味で、決して「金融業だけが特別」というわけではない。

しかし、金融は、「おカネ」を扱い「経済の血流」という特異な役割を担っているがゆえに、特に「信用・信頼」が強く求められ、社会や取引先、お客様から揺るぎない「信用・信頼」が得られなければ、どんな立派な店舗で様々な商品やお客様サービスを準備していたとしても、その地（テリトリー）における安定した長期間にわたる営業基盤の維持・発展は不可能である。つまり、金融機関（金融業）における営業基盤の根幹は「信用・信頼」にある。

支店長は、任されたテリトリーにおいてその金融機関を代表する「顔」であり、一支店における在任期間は2～3年と短いが、その間は、「信頼・信用」が揺るがぬよう支店の先頭に立って率先してまい進し、後任者にバトンを引き渡していく立場にある。この繰り返しこそが、その支店がテリトリーで強固な「信用・信頼」を獲得しそれを持続させていく最大のポイントとなる。

取引先の社長が信頼の置けない人物であれば与信判断等に際して慎重になるように、支店長が、例えば、優柔不断でちゃらんぽらん、調子は良いが約束は守らない、言っていることがコロコロ変わり軽く前言を翻す、上役（役員等）には阿《おも》ねるが職務に真剣に取り組まず楽をしようと手抜きばかり、酒にルーズで節度がない、というようでは、取引先からの「信用・信頼」を得ることは決してできないし、部下からも信用されなくなっていき、支店業績は落ちていく。

支店長が取引先の社長を評価するのと同じように、取引先の経営者も支店長を品定めしている。特にオーナー経営者は長期間にわたって経営の立場にあるから、過去から現在に至るまで多くの金融機関の歴代支店長と付き合ってきており、その持ち味や能力、人柄などを見ているので、実に的確に支店長を評価する。

「今度の支店長は誠実でしっかりもので、こちらの話をよく聴いてくれて、今までとはちょっと違う」

「堅物だが言うことがぶれないから信頼が置ける」

など高評価の場合もあるし、

「調子は良いが、口が軽くて信頼できない」

「態度が尊大で、こちらの話には耳もかさない」

「業績が落ちてくるとすぐに厳しい対応をとり、逃げ足が速い」

と不評の場合もある。

もちろん、こうした取引先の評判を気にし過ぎて、軽率に表面的な人気取りに走る必要は全くない。

重要なことは、「あの金融機関は、歴代どの支店長も持ち味はバラエティに富み人柄も多様だが、皆、真摯で裏表がなく誠実で正直で筋が通っている」「厳しいことは言うが、何事も手抜きせず、取引先の声にも真剣に熱心に耳を傾けてくれる。あそこと付き合っていれば安心だ」と評価されるようになることである。

また、支店内においては、かつて自分がそうであったように、部下たちが常に支店長の後姿を厳しい目で見ており、一挙手一投足、クセなど実に細かいところまで観察している。

だから、何事にも正直に謙虚に向き合い、手抜きせず、真剣に、熱心に、誠実に取り組み、良き先輩として後輩（部下）たちに、正しい「職務への取組姿勢」を示さなければならない。

支店長は、社会や取引先、お客様、部下たちがその基本として支店長に最も強く求めているものが「信用と信頼」であることをしっかりと認識し、常に「正々堂々として王道を行く」ことが何よりも大切だ。

(2) 公私混同しない

信用・信頼を得るためには、決して「公私混同しない」ことである。どんなに優秀な支店長であっても、公私混同するようでは誰からも信頼されず、誰もついてきてくれない。

特に次のような点に留意しておきたい。

① 特定の取引先との過度な親密化・偏った接待交際費の使用等

例えば、酒好きの支店長が、相性の良い取引先としょっちゅう呑みに行く。ゴルフ好きの支店長が、営業的に考えれば効果が薄いと分かっている場合でも、「ゴルフ」と聴けばほとんどすべてのコンペに喜んで必ず顔を出す。こうしたことは、明らかに接待交際費の使い方として適正でなく公私混同と言える。また、部下の「公」の出費を自己負担させるようなことも決してしてはならない。

なお、歴代の支店長が申し送りとして大切にしてきている取引先の中には、過度にウエットな親密さを求め公私混同に近い対応を必要とするケースもあるが、時代の変化とともに取引先の様相も変わり金融機関の置かれる状況も変化するので、他の取引先とのバランスを考慮し、関係が近くなり過ぎることのないよう一線を画すためある程度のドライさが必要となってこよう。

②自己中心主義

常に「自分」を前面に押し出して我流で頑固に主張し、異論を受け付けず、部下の話や意見に聴く耳を持たない。外出嫌いの支店長が、部下から取引先への訪問をいくら頼まれてもなかなか腰を上げずほとんど取引先を訪問しない。これらは、職務より自分の性格を優先しているわけだから明らかに公私混同だ。

外出すると、どこにいるのかよく分からないようなブラックボックスの時間があるのもまずい。勤務中は「公」の時間だから、支店を不在とする場合は、行き先を必ず明確にしておかなければならない。緊急事態発生時やどうしても相談したい時に連絡が取れないようでは、支店長失格である。居場所をはっきりとしておくことである。

③適正を欠く人事評価

多くの部下が違和感を感じるほどに特定の部下を極端にかわいがったり、人事評価を甘くするようなことは絶対に避けなければならない。

人事評価は、誰もが納得のいくような実績重視の公平な評価でなければならないのは当然である。逆にそうしなければその後の支店経営はうまく運営できない。

支店経営者である支店長が自分にすこぶる甘くて公私混同して何でもありのようなふるまいをしていれば、必ず支店の規律は失われ部下たちの気持ちも緩んでくる。良きにつけ悪しきにつけ、支店長と支店メンバーはいつもシンクロナイズするものなので、後ろ指を指されるようなことは一切してはならない。

昇進して責任や権限が大きくなっていくに従って次第に自分自身に甘くなっていくリスクにさらされるものだが、そのリスクを回避するよう自分を律しなければならない。支店でトップの座にある支店長を諌める部下はいない。だからこそ、自分自身に厳しくなければならないのである。

なお、支店長として精神を健全に保っていくためには、オン（公）とオフ（私）の切り替えをうまくやることが大切だ。職場で職務に邁進し最大努力する一方で、私生活では様々な趣味や友人との語らい、家庭サービスなどで豊かな時間を過ごすようにし、オンとオフがうまくかみ合うよう心がけていきたい。仕事漬けでは支店をリードしていく清新な活力も出てこない。

(3) 支店経営の最終責任者であるという自覚を持つ

支店長は支店経営の最終責任者である。事が起きれば最善を尽くして対処し、それがうまくいかなければ、たとえ部下が勝手にやってしまったようなことであっても、責任をとることになる。

もちろん、男気を出して、「俺が何でも責任をとるから安心してついてこい」などと大見えを切れというのではない。権限以上の責任を負え、と言っているのでもない。

ひとたび事が起きれば、支店メンバーで知恵を出し合い良い結果を生むよう最善を尽くし、また、支店長として決めかねたり、支店長の持つ権限を上回り逸脱するような事柄に関しては、躊躇なく本部所管部門に相談して独断専行を避ける。当然ながら、こうした、組織の一員として守るべきルールに沿った手順は必ず踏んでおかなければならないが、その上で、責任をとる必要があれば真正面からそれを受けなければならない、ということだ。

「うちの支店長は逃げがうまい」

「美味しいところはとるが、リスクに対しては妙に敏感で、危ない案件には優柔不断になり責任逃れをしようとする」

「何事に関しても、うまくいかないとすぐに部下に責任をなすりつける」

こんなリーダーが支店長だと、部下はいつ自分の身に火の粉が降りかかるか分からないから、真剣に職務に励まなくなる。そして、支店長の指示があるまでは積極的に活動をしない「指示待ち人間」になり、その結果、支店のパフォーマンスは落ち支店経営はうまくいかなくなる。

支店長は常に姿勢を正し、バランスのとれた最善の意思決定をするよう心がけ、そのうえで、うまくいかなければ潔く責任をとらなければならない。

●支店長になってさらなる成長を目指す

支店長の中には、支店長になったその日から「自分は偉いのだ」と勘違いして、支店で「お山の大将」のようにふるまい、事あるごとに、部下たちより一段高い立場にあるかのごとく、自分の人生観や価値観をことさらに披歴して押し付けるようなケースがある。

しかし、「支店長」は、金融機関内部の人事運営において適正な評価を受けながら昇進を重ね、一定の職階に達すると人事異動の巡り合わせでなるものだ。したがって、支店長になったからといって、その日から「立派な支店長」になるのではなく、その日から、優れた支店長になるための努力を惜しまず、「日々の積み重ねの中でよりよい支店長に成長していく」「支店長という役割を果たす上で求められる『そうあらねばならない、そうあるべきだ』という要件を求め続けていく」スタート地点に立ったに過ぎない。

その日から職務に誠実に取り組み、職務を果たしていく中で様々な出来事に出合い、それに対処し問題を解決し乗り越えていく過程で支店長としての技が磨かれ精神も鍛えられ次第に成長していくのだ。特に失敗体験は確実に成長の糧となっていく（成功体験は往々にして慢心や傲慢の種となって成長の障害になることが多い)。

要は、支店長は、何年、何ヵ店経験しようが、常に発展(成長)途上にあるわけで、決して部下たちに自分の人生観や価値観をことさらに披歴して押し付けたりするような「一段高い」立場にあるわけではないのである。2~3ヵ店と経験を積み重ねていくうちに徐々に自信もついてくるが、それでも発展途上にあることに違いはなく、支店長として常に成長していかなければならない。

部下たちに示す(披歴す)べきは、自分の人生観や価値観ではなく、日々の職務を的確に適切にこなしていく実務や実践、結果を出すことであり、事が起きた時の対応姿勢や考え方や判断力である。部下たちはそこから多くを学んでいく。

(4) 攻守のバランスに心がける

支店経営において、攻守のバランスをとることは極めて重要である。

例えば、配属されている部下の人数や実務経験から見てどう考えても達成が無理と思われるような目標に立ち向かうよう部下たちを鼓舞し、「預金量を増やす」「手数料を増やす」「融資額を増やす」といった「攻め」ばかりに注力し過ぎると、忙しさのあまり事務管理面が疎かになって支店経営が荒っぽくなり、不良債権が多くなったり、部下たちのストレスが高まり事務ミスやトラブルが頻発して取引先に迷惑をかけるといったことが起きがちになる。「攻め」が高じて不良債権の山をつくってはまずいし、トラブルやクレームを頻発させてはいけない。また、「攻め」に徹することにより、例えば、採算度外視の極端な低レートや高リスクを覚悟で積極果敢に融資実行していけば、一時的には一定の成果を得ることはできるものの、後始末が大きな負担になっていく可能性がある。

一方、ひたすら安全サイドに舵を切り、例えば、少しでも不安がありそうな融資案件には取引先の声に真剣に耳を傾けようともせずすぐに「否」とする。店頭セールスで新しいPR作戦を展開しようというような今までにないアイデアや提案が部下から出てきても、うまくいくかどうか分からないからと保守的になってOKを出さない。このような「守り」に徹することは楽ではあるが、それでは支店業績の維持向上は不可能だ。攻めていかなければ、競合他金融機関に攻められシェア縮小を余儀なくされ、収益は上がらず衰退するばかりである。「守りには自信がある。守りは任せてほしい」などと自負したとしても、それは単に「攻めが苦手」であることを隠しているに過ぎず、健全な「支店経営者」とは言えない。攻守のバランスを無視して、「守り」に専念すれば、概ねすべてに対して「何もしない」で逃げていればよいだけだ。「守り」はいとも簡単に完成する。

支店長が強い支店経営を目指す限り、守りに留意しつつ、攻撃力、営業力も強化していくべきである。

攻守のバランスに心がけることが重要だ。

2　明るく結論は早く

(1) 明るく

支店長の異動時期になると、支店のメンバーは皆「今度の支店長の実務スキルや今までの経験（異動歴）はどんなだろうか、人柄や人脈や評判はどうだろうか」など、前任の支店や本部で仕えた仲間から聞きつけ興味深く着任を待つ。人事はサラリーマンの最大関心事で、しかも支店長人事ともなれば、支店のメンバーにとっては、自分のこれからの職務遂行に直接影響が出てくるし、結果として将来の昇進や昇役（出世）にもかかわってくる。当然無関心ではいられない。

このように、発令されてから着任するまでの間、支店は大いに盛り上がるわけであるが、支店メンバーの誰もが等しく、最も強く願っていることは、結局のところ、「自分の仕事がやりやすい、自分の能力が伸び伸びと発揮できるような支店長」であってほしい、ということに尽きる。

つまり、実務経験があろうがなかろうが、ベテラン支店長であろうがなかろうが、実力者であろうがなかろうが、出世コースに乗っているエリートであろうがなかろうが、厳しかろうが（支店経営の責任を負っている以上厳しくなるのは当たり前であるが）優しかろうが、どのようなタイプの支店長であってもよい。ともかく、「仕事がやりやすく自分の能力が発揮できる」、そうした支店長の下で働きたい。これが本音だ。

それでは、どのような支店長だと「仕事がやりやすい」のだろうか？

まずもって「明るさ」である。

業績が不調の時も、好調の時も、等しく「明るく」あるよう努めなければならない。もとより、業績が好調なら自然に笑みも出て明るくなる。一方、打つ手がうまくいかず他金融機関の攻勢に負け業績が長い間落ち込んでいるような場合には、明るくあれといっても難しいかもしれない。

しかし、「支店長」のポストにある限り、業績の好不調にかかわらず「明るく」あるよう努めなければならない。支店長が明るくふるまっていれば、多少業績が悪くても、部下たちは「何とか挽回してやろう」という気になるものだし、逆に「暗い」と業績が好調の時であっても、だんだんと元気がなくなってきてしぼんでいくような気になるものだ。

業績好調の時は上を向き過ぎて得意にならず気を引き締め、不調の時は平常心を持って下など向かず意識して上を向くよう努力し、できるだけ安定した「明るさ」を保ち、部下たちから見て、いつでも、何でも気軽に気がねなく相談できる支店長でいることだ。いつも暗い顔をしている、気難し屋で話しづらい、一見すると性格は明るそうだが何か事が起きるといつも自説に執着して他人の意見に耳を貸そうともしない頑固者になってしまう。このような支店長の部下になると気軽に会話しづらく、ともかく気を遣うから大変だ。しかもその気の遣い方というのが、「仕事に気を遣う」のではなく「支店長の顔色に気を遣う」ということだから余計に困るのだ。

何か報告したり相談したいことがあるたびに、「この件について支店長はどのように考えるだろう、どうしたいと思うだろう」「今日は機嫌が良いだろうか」など様々忖度しながらあれやこれや考え、相談するタイミングを見計らったりするようでは、業務にも差し支える。支店の誰もが常に「支店長の顔色をうかがい」余計な神経を遣うようになって、部下たちは仕事がやりにくくなり、その結果自分の能力が十分に発揮できなくなってしまう。それでは毎日の仕事が面白くなくなる。

もちろん、部下たちも組織に生きるサラリーマンである限り、上司にある程度気を遣わなければならないのは仕方ない。特に人事評価する立場にある上司に対しては、自分の将来の昇進や転勤先などにかかわってくる可能性も高いので、気を遣わざるを得ない。組織の統制は、それで成り立っているような部分もある。

問題は、それが行き過ぎると、「支店長（内部）の顔色」に気を遣い過ぎ、最も大切な取引先（お客様）への気遣いや営業活動等に支障が出てしまうことだ。

常に明るく気さくで、部下がいつでも、何でも、気軽に気がねなく相談できる——支店長が身につけておくべき極めて重要な心得（心構え）だ。

(2)結論は早く

仕事をやっていて一番困るのが、支店長が「何も決めない」「判断しない」「結論を先に延ばす」「次々に資料作成を指示するだけで決断できない」ことである。

明るくて部下の話に耳を貸し、何でも話やすいし相談しやすい支店長の中にも、判断して結論や方針を出す場面になると突然思考が止まったように固まってしまう支店長もいる。これも困ったものだ。

支店長が外訪から帰ってくると、実に様々な書類が机上に積み上げられている。また、「待ってました」とばかり、職位者や部下たちが口頭報告や相談ごとを持ってくる。時々「もう勘弁してくれ」と思うこともある。しかし、部下が一生懸命職務に専心してくれているからこそ、多種大量な書類も発生するわけだし、緊急を要するような場合には口頭報告もあるわけで、本当は部下たちの気持ちを汲んで「ありがたい」という思いで机に向かって処理していかなければならない。間違っても「つらいなあ」などと思ってはいけない。

書類も口頭報告も次々と処理しなければならない。

知っておくだけでよいものもたくさんあるが、支店長の決裁や方針決定を求めている書類も多く、そういうものに対しては、何らかの方針や結論を出すことが求められる。毎日のことだから、一日留め置けば明日の書類と重なって負担が増えていくから、日々処理完結していかなければならない。

特に融資案件の判断や、事務ミスに起因するトラブルやクレームの対応に関する方針決定に一番骨が折れる。

単純で反復的な融資（賞与資金、納税資金、同額折返し等）の話ならどうということはないが、返してもらいたくないような優良取引先から全額期限前返済の話が突然舞い込んできたり、現状維持したい消極先から新たな借入の話があったり、不稼働（不良債権）取引先からの新しい返済条件に関する申し出など、そう簡単に結論や方針を出せない複雑な話も多い。しかし、取引先が結論を急いでいる場合が大半だ。

また、トラブルやクレームも、１日を争うような待ったなしの話も多く、対応が１日遅れたことが傷口を広げたり、次の一手を打つタイミングが遅れたことによってまた新たなクレームを呼ぶということもある。

しかも、一日滞れば次の日の分がこれに加わりさらに忙しくなる。

だから、こうした一つ一つの案件に対して、次々に判断して方針や結論を出し、「当日の書類や報告は当日中に片付けること」をモットーにスピーディーに決めていかなければならない。

極端な例だが、A支店長は「結論を出すのは早いが、たまに的を射ぬこともあり拙速癖がある」との評判、B支店長は「結論をなかなか出せなくて、机に書類が山になっている」としよう。支店長としてどちらが優れているだろうか。

当然ながらA支店長のほうがB支店長よりはるかに優れていると言える。

権限のある者がその権限内にある事柄について、一つの方針なり結論を出さねばならない時に、なんとも長々と考え考え考え抜いてもなお決めない、決めることができないとなれば、時間が過ぎ去るだけで物事が前に進まず動き出さない。すると相手方も待ちきれなくなって急かされるようになり、次第に追い込まれてきてますます適切な判断がしにくくなってくる。

しかし、たとえ拙速癖があったとしても、方針や結論さえ出せばものごとは動き出す。動き出して不都合が生じたら、その時点で修正したり必要な手を打てばよい。

もちろん案件によっては、「拙速」を避け時間をかけて熟考する必要のあることもあるし、本部所管部門の所見を得てから動かなくてはならないケースなどでは、所管部門のスピードに依存せざるを得ないことになる。しかし一般的に言えば、支店レベルで生起する事柄で、長々と考え抜かなければ判断できず方針を出せなかったり決めかねるような案件はほとんどない。

支店経営では、時間を徒過することのほうがはるかに罪が重いのである。

●結論を早く出すためのテクニック

結論を早く出すためには、次のようなテクニックを使うとよい。

①取引先のことをよく知る

まず、幅広く多くの取引先への訪問を通じて、個別取引先に対する「見方」を身につけておくことである。

格付けや取引方針に加えて、訪問した際の経営者の業況に対する見方や説明等を通じて得られる事業の先行き見通しや、経営者の力量、見識、会社の雰囲気、社員のやる気等々、日常の取引先との接触を通じて得られた様々な定性的情報を大切にする。これに財務数値等を加味すれば取引先の実態がより正確に理解でき、大方のことは比較的素早く決めることができる。

②担当者の意見を十分に聴く

何事につけ、迷ったら当の担当者の意見をよく聴くことである。例えば融資案件であれば、係長や次長の意見も重要だが、取引先と最も高い頻度で接触し、その案件に関して最も多くの時間を費やしているのは担当者だから、その意見を大切にすることだ。

それでも心配だというのであれば、自分自身が現場に出向き（例えば取引先と直接会う）、自分の目で確認し、必要なら問いかけて自分の耳でもう一度確認してみることである。

③「条件」を付けてみる

決めかねる場合は、握り込んだり、心配なまま決めるのではなく、「結論が出せない」「判断できない理由」は一体何なのかを自らに問うて、その理由を具体的に明らかにし、「○○（理由）について再検討のこと」というような条件を付けてみる。

例えば、ある事務ミスが発生し再発防止策が出てきたが、「今一つ納得できない。何かが欠けている」と感じた場合には、何が欠けているのか自分で考え抜く。その結果、原因分析が不十分で、その対策だけでは再発を防止できない、と感じるのであれば、「○○を追加対策として付け加えること」、あるいは「他にも原因があると考えられるので、再度原因究明のうえ対策を練ること」というような条件を付ける。

融資案件に対し判断を迷っている場合でも、その理由が「最近の資金繰りは安定しているのかどうかが気になる」ようであれば、「ここ3ヵ月間の資金繰実績を提出してもらうよう取引先に要請のこと」というような条件を付ける。

④当日の書類は当日中に完結させる

部下は、その条件＝指示に基づいてすぐに次の行動に移せるのだ。

「当日の書類は必ず当日中に！」という強い意思を持っておくことである。ともかく、「一日ごとに完結させる」という強い信念が大切だ。

●本部所管部門との関係は円滑に

支店現場において発生する多くの案件等に対して、より的確に素早く結論や方針を出すためには、本部所管部門との関係を円滑しておくことも重要である。

支店と本部所管部門との関係は深い。支店長権限を超える融資案件の審査稟議の他、内部規則で定められている事項に関しては、事前稟議や報告、相談が必要となる。

また、規則の定めがない場合でも、次のように、本部所管部門へ相談し、依頼し、そのアドバイス、指導、指示、サポートを受けることは多い。

①支店長として単独判断できない案件の相談
②役員への重要取引先訪問依頼
③取引先の経営相談サポート要請
④支店メンバーに対しての金融商品や融資判断に関する勉強会の開催
⑤事務ミス多発のため防止策に関する事務指導
⑥営業力強化のための営業指導
⑦将来問題になりそうな案件の報告

⑧他の本支店にも知らせておいたほうがよさそうな情報の伝達
⑨審査稟議の事前相談

一方で、本部所管部門からも、支店の融資判断や事務処理が内部規制に則って適切に行われているかどうかを定期的にチェックする内部検査の他、様々な部門から各種の依頼や指示があったり支店訪問を受けることがある。

支店長になってみると、考えていた以上に支店も本部も相互に深い関係にあり、相互の信頼関係や協力関係の重要性が分かってくる。したがって、何ごとにつけ、本部所管部門とは円滑にうまくやっていくことが重要である。

3　細部に踏み込む

(1) 現況を幅広く詳細に知る

支店長が部下たちから最も期待されていることは、部下にとって「自分の仕事がやりやすい、自分の能力が伸び伸びと発揮できるような支店長」であり、それはすなわち「明るくて、結論が早い」ということである。

これを実現するためには、支店経営の現場の細部にまで踏み込んで、支店内および取引先の現況を幅広くより詳細に知るよう最大努力することである。

すなわち、

①支店の最前線の、窓口、渉外、融資などそれぞれの担当者たちがどのように職務をこなし接客し取引先対応しているか、できるだけ細かく把握するよう努力する

②取引先はどのような状況にあるのか、できるだけ幅広く多くの取引先を訪問しその話に耳を傾け、その状況を把握するよう努力する

ことである。

労を惜しまず常時とどまることなく全力で支店内を動き回り、また、幅広く多くの取引先を訪問し、内外のすべてにわたってできる限り細部にまで踏み込んでいく。もちろん、いかに細部に踏み込もうと努力しても、すべてを把握することはなかなか難しく限度もあるが、それでも「現場主義」に徹し、その「現場」をより詳細に把握しようと最大努力することである。何か判断に迷ったような場合にも、「解」は必ず現場にあるから、ともかく現場を重視しその細部に踏み込んでいく。

この繰り返しにより情報量は次第に豊富になってきて、不思議なくらいに支店経営の全体像がより鮮明に見えてくるようになる。すると気持ちにゆとりができてきて部下たちが期待する「明るくて、結論が早い」支店長に近づける。

こうした努力を能動的に日々積み重ねているA支店長と、ほとんどの時間を支店長席に座って過ごし、回付されてくる書類に目を通し、報告事項を聴き、あとはパソコンに見入っているような受動的なB支店長とを比較してみよう。

これら二人の支店長の支店経営に関する情報量には、雲泥の差が生まれることは明らかで、支店経営の信頼度の高さにおいてA支店長に軍配が上がることは言うまでもない。ほとんどの時間を支店長席に座って過ごしているようでは、決して部下や取引先の真の姿（現実・現況）や生の声（本音）に迫ることはできず、情報量が著しく乏しいため支店経営は次第にブレてくるだろう。

「明るくて、結論が早い」実践がより高いレベルで可能となるのは、支店経営の現場の細部にまで踏み込んで内外にわたる支店全体の現況をより詳細に知るよう最大努力しているA支店長であることは間違いない。

これは、性格や持ち味や能力の問題ではない。支店長が、毎日をどのように過ごしていくのか、その心構えとそれに基づく実践の問題なのだ。誰でも、職務に誠実に取り組み熱心になればなるほど、自然に細部に踏み込んでいくようになるものなのだ。

●木を見ずして森見えず

現場の細部を把握し理解することなしに支店経営はできない。また、支店経営を語ることもできない。

ことわざに「木を見て森を見ず」（物事の細部に気を取られ、全体を見失うこと）があるが、業績を伸ばし、取引先から信頼され、部下たちから慕われ、攻守にバランスのとれた強い支店経営を目指すには、その支店の規模の大小を問わず、この言葉どおりにはいかない。

「木（細部）を見ずして、森（支店経営）見えず」――これが支店経営の神髄である。

支店経営の細部の把握と理解なしに支店長の役割を「正しく（誠実に）」果たすことは

不可能であり、「支店経営」を委ねられている立場にある支店長が、細かいことに口が出せないようでは、職務放棄しているのと同じようなものだ。たとえ「細か過ぎる」と思われても、できる限り「細部」にまで踏み込む。

部下たちから、「うちの支店長は実に細かいところまでよく目が行き届いている」「隙がなく緻密だ」「細部にある本質を捉える力がある」と思われたら合格だ。これらは尊敬の言葉だ。

逆に、取引先を訪問すれば時候の挨拶と自分の得意分野の話だけに終始し、取引先の事業内容を詳しく知ろうともせず生の声を聴こうともしない。部下から上がってきた書類には自分の所見も述べずただ素直に印を押し、自分のリスクに跳ね返ってきそうな案件に対してだけは妙に敏感に反応して判断を保留したり課長や係長などに責任転嫁する。すべてに関して大雑把で自己流で御輿に乗った気分で、段取りができたら動き出す。細かいことには興味を持たずすべて部下任せ。

こんな支店長なら誰でもその日から「支店長」になれる。簡単なものである。

支店で生起していることのすべては細かいことばかりだ。評論家のように概論で済ませることができるようなことなど何一つとしてない。すべてが一つひとつの細かい「個別案件」なのだ。そして、その「個別案件」にていねいに的確に対処していく積み重ねこそが支店経営に他ならないのだ。

細部に入り込み情報量を豊富にしておかなければ健全な支店経営は不可能である。そして、支店経営の全体像を正しく把握できる大局観も決して手に入れることはできない。

(2) 学び続ける

支店経営において現場の細部に踏み込み情報量を豊富にしていくことは、金融業務そのものをより深く学んでいくことと同義である。深く学んでいなければ細部に踏み込めないからだ。

本部所管部門から発信される様々な通達、連絡事項や規則類の新設改定、新商品情報、経済情報等々は、当然ながら網羅的に読み、必要に応じ関係する役席者に指示等を出すことなど、日常的になされていなければならない。

同時に、経済新聞や一般紙は当然のこととして、週刊経済誌などにも目を通すようにしたい。支店テリトリーに特定業種が集積しているような場合には、該当する業界紙を支店で定期購入し目を通す。

取引先の業種や規模によっては、専門性が高度化し人材も豊富で、よほどこちらが勉強していないとニーズに的確に対応できないことや、取引先をより深く理解するために事前に情報を集め問いかけ力や傾聴力を磨いておくことが必要なケースもある。また、取引先の海外進出が当たり前になっている時代にあって、海外（国際）に関する金融知識や英語等語学力が試される場面も多くなってきている。

支店長は、支店のトップとして支店経営に責任を持ち、取引先とは金融機関の代表者（「顔」）として接し、支店内では部下たちの上に立って支店をリードしていく役割を担っている。この役割を誠実に果たすためには、「支店長」としてできるだけ細部にまで踏み込んでいける知的装備をしていく必要がある。もちろん、何から何まで知っているような博覧強《はくらんきょう》記《き》になる必要など全くない。しかし、日々できるだけ学んでいくことが大切だ。

例えば、取引先経営者と会話していて、よく分からないことや知らないことが出てきたら、率直に「その点をもう少し詳しく教えて下さい」とその場で教えてもらうことである。くれぐれも、適当に「ああそうですよねえ」などと軽く相槌を打つようなことはしないようにしたい。誰とて分からないこと、知らないことなどはいくらでもあるわけで、決して恥でもなんでもない。特に取引先の細部の事業内容に関することや属している業界固有の情報などは、表面的なことはある程度知っていたとしても、本質に迫るようなことはほとんど知らないことばかりだ。だから、分からないこと、知らないことがあれば、素直に教えてもらえば良いのである。取引先は自分のフィールドのことだから喜んで詳しく教えてくれる。

よく知りもしないのに「ああそうですよねえ」などと軽い相槌を打つほうがはるかに恥ずかしい。大半の場合、相手側（取引先）はすぐに「ああ、この人はろくに知りもしないのに軽く相槌を打っているな」と見抜き、内心で「少々信用できない人物だな」「学ぶ姿勢がないな」と思っているはずだ。

金融機関の支店長にはこの口癖、「ああそうですよねえ」がはやっているように見受けるが、「支店長だからこの程度のことを知らないと面目が立たない、だから、とりあえず軽く相槌を打つ」。そうした軽率なことばかりしていては、取引先に関する正確な情報を得ることはできず、取引先を深く知ることもできない。

取引先や部下からすぐに見破られ信頼を失う。

学び続ける。よく分からないことや知らないこと、知りたいことが出てきたら、相手が取引先であれ部下であれ、素直に率直に教えてもらう。また、必要とあらば事前に情報を収集し学習しておく。これを繰り返し積み重ねていくことで、現場の細部に踏み込んでいくことのできる知的装備が次第に強化されていく。

こうした支店長の多い金融機関は強い。取引先（お客様）に関する情報が豊富だから打つべき戦略や戦術がより的確になっていく。また部下が直面している職務上の課題も細かいところまで浮き彫りになりやすく、組織の体質強化が図りやすい。

4 自由闊達な職場づくりと実践的な人材育成

(1) 部下の話に聴く耳を持つ

支店長の主たる役割は、部下の能力をフルに引き出しそれを結集して総力で支店経営にあたり、地区の競合他金融機関との競争に打ち勝っていくことである。一人ひとりの部下を強兵化しながらチームの力を強くしていくことだ。

支店という組織の中で支店長一人が浮き出ていても支店経営は成り立たない。一人ひとりの構成メンバーにその能力をフルに発揮してもらいそれぞれの役割を立派に果たしてもらう。それを融合させてチームとしての力を発揮していく。その先頭に立って「旗振り」をするのが支店長の役割だ。すなわち、部下たちに寄り添いながらメンバー一人ひとりの個性や基本的能力や実践的能力を伸び伸びと存分に発揮させ、支店がチームとして一体となって強さを発揮していくよう導いていくことである。

例えば、支店長が、何事に関しても「俺が俺が」のお山の大将になって一人君臨し自説に執着し、仮に部下が指示どおり動かないようなことがあると激怒する。これでは支店が一つのチームになることはない。また、問題や課題が発生した場合、支店長が「この問題は君らの責任だ。解決策は、まずは君らが十分に考えてからもう一度相談に来い」などと突き放してばかりいたらどうだろう。これでは、チームに求心力は生まれず、ひたすら「面従腹背」の遠心力が働くだけである。

判断に慎重を要するような課題や問題に直面したら、関係する部下一人ひとりの話に耳を傾け、ともに議論し、ともに解決策を考える習慣を身につけることである。解決策を「一緒に」考え、探っていくことである。こうした習慣を身につけていくと、部下は主体的にその持てる能力を伸び伸びと発揮してくれるようになってくる。

「うちの支店長は、数字や目標管理は厳しいけど、最若手の係員や派遣社員を含め実に部下の話をよく聴いてくれる、すぐ相談に乗ってくれてともに考え適切な判断を下してくれる」。すべての部下からそのように思われ慕われる支店長を目指したい。

すべての金融機関が成長の恩恵を受けることができた高度経済成長期には、鬼軍曹のように部下をしかり飛ばし「俺に黙ってついてこい、責任は俺がとる」スタイルの支店長が成果も上げもてはやされた時期もあったが、今のような同業者間の競争が激化し先行きの見えない息の抜けない時代環境にあっては、そんな大雑把な支店長ではとても務まらない。

現代の支店経営においては、部下の話に耳を傾けともに意見をぶつけあって議論しともに解決策を考え、最後は自分の責任で決める――こうした経営スタイルでなければとても競合先と戦っていくことはできない。

なお、部下の話に聴く耳を持つには、その基本前提として、部下一人ひとりを部下としてではなく、ともに働く「人間として大切にする思い」がなければならないが、その心をつくり出す一つの手法を紹介しよう。

「毎朝」一人ひとりの席を回り、一人ひとりの顔を見ながら「おはよう、元気?」、月末や五・十日（ピーク日）には、「おはよう、今日は忙しいだろうけどよろしく」、重要案件の処理日などにはその担当者に「おはよう、今日は例のやつ、よろしく頼むね」――と声をかける。帰る時は、「お先に」と一人ひとりに声をかける。

また、日頃から部下の目を見、顔色を見る。何か言いたそうな部下には「どうしたの?」と声をかける。慣れてくるとメンタルヘルスに悩む部下を発見できることもある。

特に、比較的日常的に会話をする機会が少ない事務処理を主担当とする部門や女性や派遣社員への気配りを忘れないようにしたい。

(2) 会話が飛び交う自由闊達な職場づくり

部下の話に耳を傾け、ともに意見をぶつけあって議論し、解決策を考えていくと、部下たちも変わってくる。一人ひとりが自律して自発的に「考えながら」仕事をするようになり、会話が飛び交う自由闊達な職場環境ができ始めてくるのだ。

そうなってくると、それぞれが職務の中でちょっとした創意工夫を行うようになり、細部の業務改善が進んでいく。

こうした部下たちが増えてくると、支店の中の風通しもよくなる。支店長の下で一体感が生まれ、部下たちがそれぞれのポストや職務において支店が進むべき方向性を共有するようになり、ベクトルが合ってくる。副次的効果として、ミスやトラブルや取引先の業況悪化など、支店内の悪い情報も速やかに耳に入ってくるようになる。これは大きな収穫だ。

取引先を訪問しても分かるが、業績好調な取引先は社員が活発に動き回り職場に活気があり、社長も社員も一緒になってイキイキと仕事をしている。

支店長は、こうした支店内の雰囲気を醸し出す「エンジン」役だから、判断に慎重を要するような課題や問題に直面したら、独断で決めたり、部下たちに丸投げして突き放したりせず、部下たちを巻き込んでともに議論し、ともに解決策を考え抜いていく、そして最後は自分の責任で決める——この習慣の重要性を認識しておきたい。

(3) 実践的な人材育成

前述した(1)~(2)の実践こそが人材を育成していることに他ならないわけであるが、これを前提において、「人材育成」についてもう少し具体的な留意点を考えてみたい。
支店における支店長の人事上の役割、人材を育成していく上での役割は、

①ＯＪＴ教育
②店内異動（ローテーション）
③公平・適正な人事評価

の3項目である。

これらの役割を果たす上で支店長が認識しておくべき最も重要な点は次の2つだ。

㋑「自分は未完成で発展途上にある」ということを十分に承知しておく

自分自身（支店長自身）が他人からどんなに「あの人は優れている、すごい」「ベテランだから支店のことはなんでも分かっている」などと評価されていようと、あるいは自己評価していようと、神ならぬ身である限り、自分は未完成で発展途上にあるということを十分に承知しておかなければならない。

だから、「人材育成」といっても、自分が「部下より上にいる」と思って取り組むことのないようにする。「支店長」という肩書や立場は、確かに部下より上にあるし、その分権限もあるし責任も重い。経験も豊富だ。しかし、だからといって、人材育成の面でも上にいるというわけではない。現に、部下から教わることも実に多い。

部下と同じ身の高さに我が身を置いて人材育成していくことが大切だ。

㋺「本人のために良かれと願う心」をもって人材育成する

もう一つ重要なことは、「本人のために良かれと願う心」を持って人材育成すること、すなわち、「部下一人ひとりの現在および将来のことをできる限り配慮して人材育成していく」ということである。

①ＯＪＴ教育

誰しも、入社して様々な実務経験を積み重ねていくうちに次第に金融業務に精通していき、その結果、様々な局面において、より適切妥当な判断や決断や方針の策定、重要問題への対応の仕方や行動が、円滑かつ的確になっていくものだ。

人材育成は、そうした各人各様の進歩のプロセスにおいて行われるものであるから、一人ひとりに合った教育をしていく必要があり、一律にはできない。特に、金融の最前線にある支店における部下育成は、一人ひとり全く異なるメニューで実施されるべきである。そのためにはＯＪＴ教育が最も効果的である。

前述したように、皆で知恵を出し合って決めたほうがよさそうな具体的な案件や事態が起きたら、担当者を入れてともに解決策や対処方針を考える場をつくり、自分自身を含め皆で、その対処の仕方、行動に移す際の段取りや役割分担（最初に課長が訪問して事実確認をし、次に支店長が行くなど）を議論し、解に導いていき、支店長が責任を持って最終決断をする。

こうすると、具体的な個別の案件や問題ごとに、「このような時、支店長はどのようなことを論点にするのだろうか」「判断の基準は何なのだろうか」「どんな行動をとるのだろうか」「優先順位付けについては何を基準にしているのだろうか」といった様々なことが、本人も参加しながら目の前で理解できるから、良く覚え育つ。

また、こうした場では、実は支店長自身も大いに勉強になり学ぶことが多い。

実践ノウハウ豊富な百戦錬磨のベテラン課長の一言が、自分が思いもつかないほど的確であったり、トラブル対応などでは、良かれと思って出した判断や結論に誤りがあって、後刻痛い目に合い、再度対応策を考え直さなければならないこともあるが、こうした失敗は次への大きな糧になって身についていく。

ＯＪＴは、部下だけでなく支店長自身も育っていくのだ。日々発生する案件や事態に対し真剣に考え対処し、その中で、部下も自分自身も学んでいく重要性を認識しておきたい。

②店内異動（ローテーション）

多くの金融機関では、同じ課・係の中の担当替えに関しては支店長に裁量権があるので、当人への教育的配慮や適性や繁忙期の応援体制の組みやすさなどを考えながら、担当課長や係長と相談しその意見を十分に聴いた上で、ある程度定期的に店内異動（ローテーション）を実施することが大切だ。

具体的には、同じ課や係の中でも、比較的難易度の低い商品から学ばせそれがマスターできたら次第に難しい商品を担当させていく、課題の少ない取引先から次第に案件の多い取引先も担当させるようにする、内部サポート担当から渉外担当に替える、といったものだ。担当している商品や職務や取引先を定期的に替えたり適性に合った担当にすることで担当者のスキルが多様化し、実務能力が上がっていく。それに、繁忙期や休暇時の応援体制も組みやすくなる。

担当替えによって安定していた事務や取引先との関係が悪化するリスクがあるからと、ローテーションを好まない支店長もいるが、「人材を育成していく」という大きな観点から、課長や係長のサポートを強化するようにして担当変更のリスクを最小限にするような手を打ちながら、ある程度のサイクルでローテーションをするのが望ましい。

なお、支店メンバーはすべて、人事所管部門が行う全社ローテーションによって配属されているから、適性がないからといって、支店長が人事所管部門の了承も得ず勝手に課や係を替えることはできない（金融機関によって規定が異なると思うが）。あくまでも基本は、発令されたポストで頑張ってもらうことになる。しかし、ポストに対し著しく適性を欠き、支店経営に支障が出て放置できないような場合には、人事所管部門と相談しその了解を得て、支店内の適所へのローテーションを実施するか、あまりにもひどければ、早めの異動をお願いする。

③人事評価

サラリーマンにとって最大の関心事は、おそらく「人事」だろう。

日常的には、日々の業務に忙殺され、「人事」に思いを至らせることはないが、支店長も部下も、人事の季節である4月や株主総会前後や10月が近付いて来れば、昇給、昇格、異動が気になり始める。人事によってこれからのサラリーマン人生が変わっていくのだから、関心が深くなるのは当然だ。

もちろん、人にはそれぞれ固有の人生観や価値観があるから、それがすべてというわけではない。また、入社して10年もすれば、同期メンバーの中における自分の評価が次第に明らかになってくるため、「それなり」に内部での将来の見通しも立ってくる。

それに、現実を細かく見てみると、人事は必ずしも自身の持つ実力や積み重ねてきた実績や実務経験だけで決まるものではなく、入社年次や上司・部下との人間関係などの巡り合わせや運不運といった要因が作用するケースも多い。そうしたことが分かってくると、人事への関心も次第に冷めたものになってくるものだ（もちろん、誠実に職務に取り組み、常に持てる力を最大限発揮し地道に着実に実績を積み重ねていけば、必ず「運」は巡ってくるものだから、いかなる時も諦めてはならないのだが）。

そうではあっても、サラリーマンである以上、誰もが退職するその日まで、自分の人事上の処遇には敏感で、また、同期生等他人の処遇も尽きぬ興味の的であり、最大関心事の一つであることに変わりはない。職場というステージにある以上、支店長（自分）も部下も、同様に「人事」が最大関心事であることに変わりはない。

人事権という観点で考えてみると、金融機関の支店長の持つ権限は極めて限定的である。金融機関によって多少の差はあろうが、権限として行使できるのは前述した「店内異動」程度だろう。それも、人事所管部門へと事前相談や事後報告は必須となる。

最も重要な「人事評価」も、日々接している支店長が、部下の実績や発揮能力等に基づいて一人ひとり評価し、将来どのような部門で活用するのが妥当か考え、定期的に人事所管部門へ提出するが、これも、最終評定は、全部門の一人ひとりを横断的に評価している人事所管部門の専管事項である。このように、人事に関しては支店長の権限は少ない。

しかし、人事所管部門といえども、日々一人ひとりの社員と職務をともにしているわけではないから、個人の能力、適性などをすべて理解しているわけではない。したがって、実質的な意味で、支店長の行う人事評価は極めて重要だし、人事所管部門の最終評定に大きな影響力を持っていることは確かだ。

こうしたことを踏まえ、支店長が部下の人事評価を行う場合の最も重要な留意点は何かを考えてみると、それは、常に「公平・適正な評価」に心がけることである。

具体的には、次の点に心がけ、自分の趣味や好みなどに影響されることなく冷静に把握し評定することである。

①被評定者の立場（人材を育成していくという観点）に立つ

②実績をできる限り数字で把握する

③職務への取組姿勢、遂行状況や能力の発揮度、課題解決力等基本的能力をできる限り正確に把握する

④現時点の処遇（給料）は同期入社のメンバーと比較して妥当かどうか（当店に同期メンバーがいない場合は人事所管部門に聴く）チェックする

⑤将来どんな職務を経験させるのが望ましいか、本人の希望を尊重しつつ検討する

なお、部下の人事評定を通じて、実は支店長自身も評価されている、ということを忘れてはならない。

評定を行う場合は、今までの評価経験も生かして、できるだけ自分が持っている人事評価基準（評価のモノサシ）を「標準」に合わせておく努力をすることである。甘過ぎたり、厳し過ぎたり、大きくぶれないようにしたいものである。

ところで、よく「うちの支店には人材がいないから何事もうまく前に進まず困っている」、逆に「人材はそろっているが能力が出ていない」というような話を耳にする。

しかし、こうした話は人材育成を放棄しているようなものだ。

トップマネジメントの立場に立ったら、人材不足やその能力不足を嘆く前に、次の４点を念頭に置いて人材育成に取り組んでいくべきである。

①問題や課題に直面したら、その長（頭取（理事長、社長）や部長、支店長といったトップマネジメント）は、部下たちと一緒に議論し、ともに解決策を探っていくマネジメントを組織で実践する

②部下たちがその持てる能力を伸び伸びと発揮して活発に意見を出し、組織に会話が飛び交う自由闊達な雰囲気をつくり出す

③一人ひとりに自律して「考えながら」仕事をする習慣を身につけさせ、組織人として発揮している一人ひとりの「普通の水準」（トップマネジメントが部下に対して日常的に「普通に求めているレベル」）を高めていく

④組織メンバー一人ひとりの内面に、組織が求める目的や目標が共有され、それに向かって一体となって力強く進んでいく熱心さや情熱を育んでいく

5 取引先の声に耳を傾ける

(1) お客様第一主義の励行

どの産業でもどの業種でもそうであるように、支店経営において「お客様第一」の精神（気持ち）を持ち続けそれを実現するためのスキルを持続的に向上させていくことは、永遠・不易の最大課題である。すなわち、支店の繁栄と成長には、収益の源泉である取引先（お客様）の支持をいただくことが最も重要である。

金融機関の取引先は、預金から融資（貸出）、ローン、為替、給与等振込、口座振替等々多岐にわたり、個人も法人も職域も任意団体もキャッシュフローが発生しているすべてが取引先となる。金融業が「経済の血液」と言われるゆえんである。

こうした多くの取引先の声に耳を傾け、そのニーズの本質に迫り、できる限りこれに応えていく。店頭窓口に来店されるお客様、渉外担当や融資担当が受け持つ取引先、すべての取引先に対して、できる限り満足いただける対応をしていかなくてはならない。

そうした実践を通じて「お客様第一」の精神（気持ち）とスキルを向上させていく取組みに終わりはない。

ところで、現実はどうだろうか。例えば、多くの中小企業経営者や個人事業主が金融機関に対して持っている思いは次のようなものだ。

「業績好調の時はすこぶる慇懃だが、ひとたび業績不振に陥ると手のひらを返したように冷たくなり、よそよそしくなる」

「こちら（取引先）の話に謙虚に耳を傾け、真剣に話を聴く姿勢が希薄だ」

「どういうわけか一段高いところから見下すようなものの言い方をする人間が多い」

「いざ資金が必要だという切羽詰まった時の対応が、『数字』（格付け）や担保評価額第一で、実に杓子定規で、頼りにならない」

「事業に関係のない商品を執拗に提案してくる」

「支店長や担当者が替わると取引方針が変わることが多く、安定した取引関係を維持しにくい」

「だから、心の底からは、信用できない、信頼できない」

こうしたことを面と向かって金融機関の担当者や支店長に話す経営者は少ないが、これが多くの経営者が持つ本音である。

確かに、多くの金融機関は、財務数値が優れ格付けも良好な大企業や業績好調で繁栄し成長している一握りの優良企業に対する態度と、その対象から外れた数多くの、苦労しながらも事業経営を継続させてきている真に資金ニーズがある取引先に対する態度とに大きな差がある。

実践の中にいれば、優良先には慇懃になり、そうでない先には高い目線で見下すような態度になりがちになるのは、ある程度は致し方ないことかもしれない。しかし、取引先の事業規模や業績の好・不調によって大きく態度を変えてしまうようでは、とても、幅広く多くの取引先に対して満足いただける対応をしているとは言えない。また、支店長や担当者が替わる度に取引方針が変化することも困ったことで、できるだけ避けるべきだ。

こうした状況を放置すれば、多くの取引先から信用・信頼を得ることはできないし、「金融を通じて企業を育成し経済を活性化させる」という金融機関が果たすべき本来の役割を十分に果たすこともできない。取引先にとって、事業の繁栄と成長に最も重要な基本前提（必要条件）は「ゆとりある資金繰りの実現」に他ならないから、金融機関との安定的な信頼関係構築は不可欠なのである。

支店長は、取引先と向き合う際、取引先の財務数値やそこから算出された格付け、担保評価額に頼り過ぎることのないよう、次のような基本姿勢で、率先してできるだけ幅広く多くの取引先を訪問し、同じ目線で会話し取引先の生の声に耳を傾け事業の中身を理解し経営者の手腕を的確に把握するよう努力する必要がある。部下たちにも常日頃からそのような姿勢で取引先と向き合うよう十分指導しておく。

①「金融を通じて企業を育成し経済を活性化させる」という金融機関が果たすべき役割をしっかりと認識しておく（取引先にとって、事業の繁栄と成長のためには金融機関との長期にわたる安定した信頼関係構築が不可欠）

②心の底から取引先に興味を持つ

③取引先に関し、知りたいこと、知っておくべきこと、確かめておきたいこと、疑問なこと、不安なことなどを「取引先と同じ目線で」適切に問いかける

④常日頃から取引先の生の声に親身になって真摯に耳を傾け、取引先の事業内容や事業の骨格を深く理解し、定性情報も収集し、基本となるキャッシュフローと様々なニーズ（潜在するニーズを含め）や要請を正確に把握する

⑤それらのニーズや要請に対して、「何とかできないか」「何とかしたい」と真剣に考え、できる限りそれに対応できるよう努力する

⑥取引先の実力以上の投資やリスクの伴う資金ニーズに対しては、金融のプロとして、明確にそれを伝える

⑦取引先のニーズや実力を無視したセールスで融資セットの不要不急な投資商品や不動産購入等を強いない

これこそが、「お客様第一」の精神（気持ち）を持ち続けそれを実現するためのスキルを持続的に磨き向上させていくために支店長が持つべき基本的な心得（心構え）だ。支店長がこの心得を習得して取引先に向き合うようにしていれば、部下たちもそれを見習う。

日頃から取引先に適切に問いかけその話に耳を傾けていくと、次第に、財務数値や格付けだけでは分からなかった事業内容や事業の骨格、現況が深く理解できるようになり、その背景にあるキャッシュフローや資金ニーズなども明確に把握できるようになってくる。また、事業の歴史や強み弱みの他、社長の人柄や経営手腕なども明らかになってきて、取引先に関する情報量が豊富になってくる。

すると、財務数値や格付けや担保評価額だけでは見えていなかったリスクの輪郭も明瞭になって、対応が杓子定規になるようなことはなくなり、また支店長や担当者が替わる度に取引方針等が大きく変化するようなことも少なくなる。そして、たとえ難しそうな案件（相談ごとやニーズ）に対しても、「何とかできないだろうか」「何とかしたい」との思いも強くなってくる。一方で、必要に応じて、金融のプロとして、辛口のコメントもできるようになり、取引先のさらなる成長のための的確な経営指導やアドバイス（コンサルティング機能の強化）も可能となる。

その結果、取引先との信頼関係も強くなっていく。

(2) 中小企業・零細企業の声に耳を傾ける

支店長は、限られた大企業や優良企業に対する「情熱的」なアプローチに比較して、その対象とならない取引先への営業工作が著しく劣っていないか、取組姿勢が弱くなっていないか、常に次のような観点でチェックし目配りしておくことが極めて大切だ。

①優良先のカテゴリーに入らない取引先に対する営業訪問頻度が極端に少なくないか
②対応が杓子定規で「上から目線」になって「お客様第一」の精神とかけ離れていないか
③財務数値や格付けや担保評価額に頼り過ぎ、取引先を深く理解しようと適切に問いかけ相手（取引先）の話に真剣に耳を傾ける姿勢や努力が欠けていないか
④消極方針先から新しい融資の申し出があったような場合に、詳しくその内容も聴かず、ひどい場合には持ち帰って検討もしないで、内部の格付けやあらかじめ決められている取引方針に沿って、「お宅にはもうこれ以上無理です、枠いっぱいです」と極めて杓子定規で冷たい回答をしてしまっているようなことはないか
⑤返済が苦しいからもう少し期間を長くしてほしいと申し出があった取引先に対し、最新の資金繰り状況を詳しく聴く前に「もう○回も申し出を受け入れて延長してき

たのだから、これ以上は無理です」といとも簡単に断っているようなことはないか
⑥後継者がおらず事業の将来に対し展望が持てないような取引先に対しても、親身な対応をして的確にアドバイスなどしているか
⑦事業立ち上げで資金繰りに四苦八苦しているような起業家に対して、その事業理念や資金繰り計画を聴きもせず門前払いしてしまうようなケースはないか

事業経営は生き物だ。特に、中小企業や個人事業主など小規模零細事業の場合には、財務数値など一瞬にして好転したり、悪化したりもする。だから、常日頃からできる限り取引先に近づきその実態に迫っていく姿勢を大切にしなければならない。そして、実践の中では、格付けも取引方針も刻々とリアルタイムで更新されていかなければならない。

消極方針の取引先に、ある日突然大口の受注が飛び込み、原材料仕入のための前向きな増加運転資金需要が発生することもあり、詰めていけば対応できることもあるはずである。予定していた入金が1ヵ月ずれて、資金繰りが短期的に突然悪化するようなケースでは、優良先に対するのと同程度の真剣さで取引先の話に耳を傾け内容を掘り下げて聴いていけば、何とか対応できることもあるはずだ。

最新の売上推移や買掛サイト、売掛サイト、在庫状況をていねいに聴けば返済期間の妥

当性をチェックすることは可能で、もし現状の返済期間に無理があるようなら、一時的に返済額を減らしたり、期間を長期化する対応も考えられる。

起業家からの相談でも、仮に同じ結論になったとしても、最初から「どうせだめだ」と決めつけないで、まずはその話を真剣に聴いてみる。言うまでもなく現代の大企業も優良企業も、創業時はみな「起業家」が資金繰りに苦労していたのだ。

支店長は、最初から、「リスク回避だ」「火中の栗を拾うことはない」「本部の審査が通らないから無駄はやめておけ」と簡単な道を選ぶのではなく、大企業や優良先に対するのと同程度の「思い」や真剣さを持って、できるだけ幅広く多くの取引先と接するよう心がけなければならない。

言うまでもなく、中小企業はわが国経済の基盤を支えている。

したがって、支店長も意識して毛細管のように広がる多くの中小企業や零細企業、そのうちでも特に真に（健全な）資金ニーズがある取引先に対して「血液」を供給する役割の重要性を再認識し、その機能を強化していくよう取り組んでいきたい。

業績不調の取引先に対しては、「何かお手伝いできることはないか」と取引先の要望等を聞き出すよう積極的に問いかける。仮に、「融資してほしい」「返済を軽くしてほしい」というような具体的な相談事や要請があれば、そのニーズに耳を傾け、持ち帰って「何とかできないか」真剣に考える。代替案を含め、親身になって考え抜いてその相談ごとや要請に対応できるよう努力する。

仮に無理であるのなら、その理由を納得いくまで説明する。取引先の声に耳を傾け「何とかできないか」と真剣に考え抜いた上での結論であれば、必ず取引先も分かってくれる。「雨の時傘を貸さない」などと揶揄されることもない。

なお、具体的な問いかけ項目については第4章「1．営業力強化の基本原則(1)目利き力を養う」を参照いただきたい。

(3)他金融機関の支店長から学ぶ

同一テリトリーで戦っている他金融機関の、「取引先の評判が良い」支店長から学ぶことも忘れてならないことである。

「評判が良い」ということは、それだけその支店長が多くの取引先のニーズに迫っているということであり、「お客様第一」が実践できている証（あかし）でもあるからだ。現に、競争相手にやり手の支店長が来ると、明確な指示のもとで何事にも積極的で部下の動きも活発になり、提案の仕方や取引先を評価するアングルも変わってくる。判断のスピードも変わり、取引先経営者から「最近○○支店長さんは元気があるね」と評判になる。

評判になってくると、テリトリー内の多くの取引先の間でもそうした情報が流れ伝わり、新規取引先が獲得できたり既存取引先のシェアがじわじわ上がってきて業績がよくなる。

すると部下もなお一層元気が出てきて動きもよくなり情報量も増えてくる。情報量が増えれば様々な対応力が増してくるからそれが取引先に伝わりさらに評判が良くなる。このようによい循環が巡るようになってくる。こんなケースは少なくないのだ。

取引先は、複数の金融機関と取引し、長年トップの座にいるオーナー経営者が多いので、多くの金融機関の歴代支店長をよく知っている。しかも、厳しい競争を勝ち抜き生き残ってきているだけに、的確に本質をとらえる力があるから、金融機関の支店長や歴代支店長を比較評価するのはお手のもので、相当の精度を持って支店長を品定めしている。

だから、「融資判断が甘い」ということで良い評判をもらえることは決してない。甘ければむしろ即座に「今度の支店長は脇が甘いようだね」「あれで大丈夫なの」などと言われてしまう。取引先は、何でもありのような審査判断の甘さや支店長の持ち味や経歴ではなく、やはり、「日頃からこちらの話に親身になって謙虚に耳を傾けてくれる」「結論が早い」「厳しい結論の場合でも、判断の根拠を明確に説明してくれる」「辛口だが的を射たアドバイスしてくれる」「社業発展に役立つ提案をタイムリーにしてくれる」といった、金融のプロとしての力量を冷静に評価している。

したがって、取引先を訪問して、他金融機関の支店長に関して「今度の支店長は取引先と同じ目線になって生の声に耳を傾けてくれる」「しょっちゅう来てくれる」「様々なことを質問してきて事業内容を知ろうと熱心だ」「頼んだことに素早く対応してくれる」「的確な提案営業をしてくれて頼りがいがある」「最近○○キャンペーンをやっているが、取引先の人気は上々らしい」「部下の指導が行き届いていて慕われている」といった良い評判を耳にしたら、自分を省みて劣るところはないか、改善したほうがよさそうな点はないか、謙虚に考えてみる。心当たりがあれば、負けないよう改善に取り組んでみる。

同じテリトリーで競争しながら商売している以上、相手方の大将である支店長に学び、その手腕・力量に負けぬようにしたいものだ。

なお、ときどき近隣他金融機関支店の店頭、ATMコーナーの状況もチェックし、CSや設備においてどの程度の差異があるものか確認しておくことも忘れてはならない。時節柄、新規投資は難しいかもしれないが、本部所管部門に伝え対策を検討してもらうことも大切だし、CSで劣っているようなら、店頭窓口の接遇レベルを上げていけば向上できる。

第2章
経営方針を示す

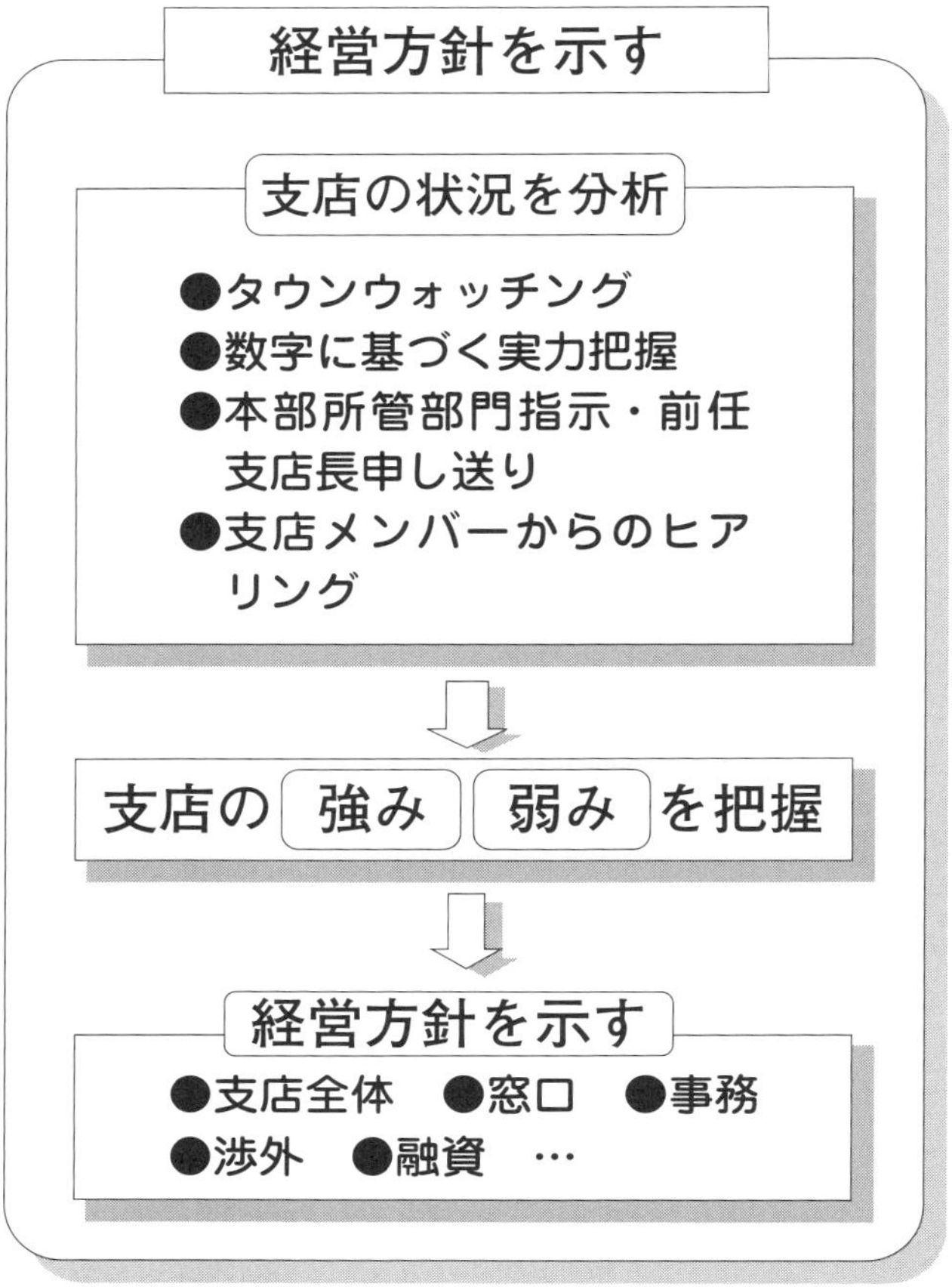
経営方針を示す
支店の状況を分析
●タウンウォッチング
●数字に基づく実力把握
●本部所管部門指示・前任支店長申し送り
●支店メンバーからのヒアリング
支店の 強み 弱み を把握
経営方針を示す
●支店全体 ●窓口 ●事務
●渉外 ●融資 …

1 支店の状況を分析する

(1) 支店固有の問題点と課題の把握

多くの金融機関では、新任支店長は着任2～3ヵ月後を目途に、頭取や社長、理事長、役員あるいは本部所管部門に対して、在職中の「支店経営方針と公約（マニュフェスト）」を報告し承認を得る手続きがある。ここでは、そのとりまとめ手法に関して考えてみたい。

金融機関にはそれぞれ独自の表彰制度があり、毎期3―9月になると支店には本部所管部門から様々な「目標」が示される。収益目標、預金や融資・ローン残高や外為取扱高目標、投信・生保等商品取次手数料目標、給料振込や公共料金口座振替やクレジットカードといった個人取引の基盤に関する目標、事務品質や事務効率の向上に関する目標、不良債権回収に関する目標など、実に多岐にわたる目標が示され、これをクリアすることが求められる。

目標は時代とともに変化するが、基本的には「収益」をどう伸ばしていくのか、そのために預金や融資ボリューム、手数料収益はどの程度必要か、経営健全化（自己資本比率の充実等）をどのように推進していくか、こうした観点から目標が決められていく。

本部から示される目標は実に多く、支店長が着任直後や期の始まりにあたって自分の経営方針を示すまでもなく、これらの本部目標を単にグラフや表にして示せば、それで十分に着任後あるいは期初の支店経営方針になってしまうくらいである。

しかし、本来、支店には、本部から与えられた目標にチャンレンジして実績と対比し、目標達成に向けた取組みをしていくだけでは解決できないような、次のような支店固有の問題点や課題がある。

①他の支店と比較して店周の開拓率が低い
②来店客数の減少に歯止めがかからない
③テリトリーには法人が流入してきているのに法人取引先が減少している
④訪問件数が極端に少ない
⑤提案力で競合他金融機関に負けっぱなし
⑥不良債権が連続して発生している
⑦事務ミスが多い
⑧窓口応対の評判が悪い
⑨金融商品（取次商品）が売れない

⑩ノンバンク等系列会社との連携が弱い
⑪部下の自己啓発意欲が低い
⑫支店内の雰囲気が暗く本音を出しにくい空気がある

したがって、本部目標達成に向けた取組みと並行して、こうした支店固有の問題点や課題を明確に浮き彫りにして、これに対し支店長としてどのように対処し改善に取り組んでいくのか、着任後2～3年間、この支店をどのようにしていきたいのか、支店長独自の「味付け」（付加価値）をどうしていくのか、自分自身の頭で考えていかなければならない。

そのためには、支店のマーケットをできるだけ細かく見聞し、数字で支店の強み弱みを明確化し、本部所管部門のアドバイスや前任支店長の申し送りや部下たちの生の声を聴いた上で、独自の「味付け」をした支店経営方針を示していくことが重要となる。

(2) タウンウォッチング

マーケットの状況をつかむには、何をおいてもまずは支店の担当地域（テリトリー）を自分の足で歩くことである。テリトリーが広ければ何日間かかけて計画的にすべての地域をできるだけくまなく巡回し、自分の目と肌でテリトリーの様相を把握する。テリトリーによっては、休業日と営業日とでは全く異なる街に変貌することがあるので、要所要所の地域（エリア）に関しては、金融機関休業日に街を歩いてみる。取引先が営業をしているようならふらっと寄って雑談する。

並行して、事業歴の長い親密な取引先のオーナー経営者やその地域に昔から住んでいる町の世話役と話をしたり、取引先不動産業者（取引がなければ地元で定評のある業者。主業が不動産開発や売買仲介業者、賃貸仲介業者いずれも重要。持っている情報量や質が異なる）の話を聴く。自治体を訪ねて住民の人口動態や年齢構成の変化、事業者の流出入数、今後の都市開発予定等を確認しておくことも忘れてはならない。

すると、昔から現在に至るまでのテリトリーの変貌の歴史が要領よく分かり、同時にこれからの動向を予測することもできる。

また、近隣他金融機関の窓口やＡＴＭコーナーを観察し、競争上の優位性や見劣りする点などをチェックする。

１ヵ店の在職期間が2～3年の支店長にとって、テリトリーは、着任から転勤までの間、大きく変化しているようには見えず、一見すると何の変哲もない昨日と同じ景色に見えることが多い。しかし、街は刻々と変化し続けている。そして、当然ながら支店は自分が去った後もそのテリトリーで他金融機関と戦いつつ取引先の支持を受けながら生きていかなければならない。

したがって、支店経営にあたっては、長い目で見た街の変化を明確に把握し、他金融機関の支店の様相等を承知した上で「現在」を理解し、そのマーケットの歴史の流れや潮流に逆らわずに支店経営の舵取りをしていく必要がある。

もちろん、テリトリーの歴史の流れや潮流など理解せず、近隣他金融機関支店も気にもかけず、目の前の現実だけに目を向けて淡々と案件をこなしていくような支店経営をしていても、それで在職中の業績が極端に落ち込むことはないだろう。しかし、何年か経過した後その支店の歴史を振り返ってみると、「あの時もう少しマーケット動向を理解して、都市計画のことを知っていれば、将来のための種まきなど長めの課題に取り組んだだろうに」など、反省しきりというケースもあるのだ。

テリトリーがどのように変貌してきたのか、先々はどのような変化が起こると予想されているのか、他金融機関はどんな店舗を構えているのか、店舗廃止やATM拠点増設の計画はないかなど、テリトリーの歴史と将来予想、競合金融機関の状況を知ることは支店経営をする上で欠かせないことである。短い期間のバトンを受け持つ身ではあっても、大きな目で見た変化の中でどのように支店経営の舵取りをしていくのか、思考を深めておかなければならない。

なお、タウンウォッチングには思わぬ副次的な効用もある。後日、取引先に関して融資案件が発生した場合や、ミスやトラブルが発生し取引先に迷惑をかけたような場合などは、周辺の風景や当該取引先のビルが頭の中に浮かんできて、案件の判断や対処の仕方に確かさが出てくることもある。

(3) 数字に基づき実力を把握する

タウンウォッチングと並行して「数字」に基づいて支店の全体像、テリトリーの特徴、強みと弱みを把握していく。

営業面では、次のような数値について3～5年間の推移を把握する。

①支店に配属されている人数（役席者、担当者、派遣社員別）・組織の変遷・ATM設置台数推移
②顧客セグメント（個人・法人、業種など）別預貸・収益数値推移
③店周開拓率と来店客数推移
④個人・法人別大口根幹先（例えばボリューム・収益トップ20）の預貸・収益数値推移
⑤不良債権推移
⑥支店営業関係目標および実績推移（表彰実績推移）
⑦競合他金融機関の預貸数値推移
⑧人口動態・業種動態等自治体情報の収集分析

これらの数字に基づいてテリトリーの特徴、自店の強み弱みを把握する。

数字の把握にあたっては、同店質の他店と比較したり、本部所管部門のデータを活用して競合する他金融機関の支店の数値も入手し深掘りしていく。

同様に事務面に関しても、次のような数値について3～5年間の推移をチェックし実態を把握する。

①事務ミス・お客様トラブル件数推移
②CS評価を含む事務関係目標および実績推移（表彰実績推移）
③1人当たり事務量の推移
④リスク管理上の課題（本部検査所管部門や債権管理部門の評価推移等）

攻守両面にわたる数字に基づいた実績推移を把握することで、支店の強みや弱みがある程度明確になってくる。強みは維持しさらにそこを伸ばしていき、弱みは「課題」としてその要因を探り改善策を打っていく。

(4) 本部所管部門および前任支店長からの引継ぎ

支店への着任に際しては、役員や本部所管部門から、次のような様々な要請や指示やアドバイスがある。

①法人貸出、個人ローン、個人預金を伸ばしてほしい
②給料振込、年金振込、口座振替など個人基盤項目を強化してほしい
③職域取引を強化してほしい
④手数料収入を格段に改善してほしい
⑤業績や業容を落とさずに人員を縮小してほしい
⑥事務ミスやトラブル続きだからまずは事務の安定を図ってほしい
⑦店頭サービスの評判が良くないから改善してほしい
⑧不祥事があって支店メンバーに動揺が見られるのでとりあえずは支店メンバーを一丸としてほしい

本部所管部門は、各支店のマーケットの特徴・動向のほか、競合他金融機関支店と比較した長期間にわたる計数トレンドを分析し、強み、弱みを把握している。また、全支店の中における当該支店の相対的な位置づけや「役割」（ミッション）を明確化しており、その要請や指示やアドバイスは的確で大いに参考になるので、できる限り尊重し、それに沿った経営をしていくべきである。

また、ここ数年の支店経営状況に関するコメント、例えば、「○○支店長の時代にやり

過ぎて不良債権の山をつくったが、後任の○○支店長がその後始末に苦労し、営業（攻め）をやっているゆとりがなかった。だから君には、不良債権の状況をよく把握して終息させるよう取り組むと同時に、支店メンバーのモチベーションも下がっていて営業力が相当弱くなっているので、その改善には特に注力してほしい」などといった、今後の支店経営に欠かせない具体的なコメントがあるケースもあるので、そうした情報をしっかり承知しておく必要がある。

一方、前任支店長からは、基本的な引継事項に加えて、次のような多面的なアドバイスや支店経営への思いなどが引き継がれる。

①○○社長にはこうした点に注意して接したほうがよい
②地元名士の○○さんには月一回は挨拶に行ったほうがよい
③○○社に新規貸出がやっと決まったのでスケジュールどおりうまく実行してほしい
④このところCS評価が高くなってきたので是非これを維持しさらに良い方向へと持っていってほしい
⑤事業再生途上にある○○社へのフォローは十分にやってほしい
⑥○○社を攻めてきて、もう一歩のところで新規取引ができそうなので、取りこぼさないよう優先的に取り組んでほしい

⑦攻めに重点を置き過ぎて管理部門や不良債権回収への関与が十分にできなかったので、そこをうまくやってほしい（自分が課題として取り組んできたがうまくいかなかった点に関し引き続き課題としうまく解決してほしい）

⑧支店メンバーのやる気も雰囲気も上がってきているので、これを大事にして好業績を是非維持してほしい

後任にバトンを渡すタイミングによっては、前任支店長が手がけてきたことが中途半端な状態の場合もある。こんな場合、前任者としては心残りで、「何とかこれだけは継続して後任支店長にもしっかり取り組んでほしい」という思いも強い。

直前の支店長の申し送りだから、尊重して聴き、後刻、自分なりに支店の経営課題を整理する際の参考にし、また、取引先にかかわる事項に関しては、できるだけ一貫性をもって対応するよう心がける。

●前任支店長からの申し送りの尊重、ベテラン支店長の留意点

前任支店長からの申し送りを忠実に守っていく支店長は意外に少ない。着任早々は別にして、2～3ヵ月も経つころには、それをすっかり忘れて「自分流」、不思議なことだが、支店長未経験の初支店長でも「自分流」がすぐ前面に出てきて、前任者の方針を次々に変えていくことが多い。比較的稀ではあるが、自らの力のなさ（無能さ）を本能的に糊塗す

るかのごとく、前任者批判に明け暮れ、前任者が残したものは何もかも壊すことに専念するような支店長もいる（見苦しいことこの上ない）。

一見がんじがらめの本社規則や稟議制度があって自由が利かないように見えても、やはり「支店長」になると、日々の経営の大半は支店長の裁量権限の範囲の中で融通無碍《ゆうずうむげ》にできるわけだから、「自由度は高い」のだ。それに、支店長職が多い40～50歳代ともなれば、もはや誰もが自分の個性や持ち味を変えにくい年齢であり、「自分流」を自制できない。

だから、取引先から見ると、「支店長が異動のたびに取引方針がコロコロ変わる」と言われたり、部下たちからすれば「支店長が交替したから、心機一転、また一から出直しだ」ということになる。

時代の変化とともに金融機関が扱う商品や内部規則、当局の規制は大きく変わっても、変わらないのは、「支店長の経営手法」の属人性だ。すべて一代限り。これだけは旧態依然、何らの進歩もない。昔ながらの「一代限りの支店長」業が今も生きている。

2ヵ店以上の支店長を連続して経験しているようなベテラン支店長ともなると、実践に慣れているから支店経営手法もオーソドックスで安定感があって、取引先も部下も安心してついていけるケースが多い。しかし一方で本部の要請や前任支店長の引継事項などうわの空で聴いていて、着任早々から自分の経験から学んだ独自の支店経営スタイルを展開していくケースもある。こうしたタイプの支店長は、概して自分のスタイルにこだわり過ぎて時代の流れに乗り切れず進歩のないケースが多く、取引先も部下となる支店メンバーも迷惑千万な話だ。

すべての支店には固有のマーケット、取引先があり、抱えている課題や問題点も似て非なるものである。構成メンバーも異なるわけで、ベテランであってもその支店で支店長となるのは初めてなのだから、タウンウォッチングや過去の数値から学ぶことは必須事項と言える。また、本部からの具体的な要請（ミッション）や前任者からの引継事項といった基本的「引継ぎ」を疎かにするようでは、支店経営がうまくいくことなどあり得ない。

前任者の悪弊は継承されなくてもよいが、せめて優れた点、卓越した点に関しては謙虚に受け止め、一貫性と連続性を持たせて継承していくべきである。

(5) 支店メンバーからのヒアリング

支店メンバー一人ひとりから率直な意見をヒアリングすることも忘れてはならない。役席者から今年入社した新人や派遣社員に至るまで、支店メンバー全員から話を聴き、各人が持つ役割のそれぞれの立場や観点から、次のようなポイントについて誠実にかつできるだけ具体的に聴いてそれを自分のノートに記録していく。

①具体的にどのような問題意識を持っているか
②当店の強み弱みをどのように捉えているか

③当店の最大の課題が何だと考えているか
④自分（支店長）に対してどのような支店経営を望んでいるのか
⑤最優先で取り組んでほしいことは何か

特に着任早々の支店長ヒアリングは、部下にとっても新鮮なので「本音」が出やすいから、表面的な過去実績数値の推移を追うだけでは見えてこない課題や問題点などが明らかになることが多く、今後の支店経営を攻守にわたってバランスよく実践していく上で非常に参考となる重要な情報が得られる。それに、チームとしてこれから一緒に働いていく部下たち一人ひとりの名前、個性や人柄や能力などもある程度把握できるので、支店経営方針を早く打ち出していく上で絶好の機会ともなる。

支店メンバーも、新任支店長の人柄や持ち味などを知るよい機会だから個別ヒアリングを心待ちにしている。着任したらスケジュールを立て、できるだけ早く個人面談を実施すべきである。

2　経営方針を明確にする

タウンウォッチング、過去の数値等から得られた情報、本部からの具体的な要請（ミッション）、前任者からの引継事項、支店メンバー一人ひとりの率直な問題意識などのヒアリングにより情報を集めていくと、支店の現状の問題点が次第に明確になってきて、

①支店の強み
②弱み＝取り組むべき課題

これらが細部にわたって正確に認識でき、その取り組みの優先順位付けもより正しく判断できるようになってくる。強みはそれを活かしつつさらに強化し、弱点については課題として改善策を考えることになるが、新任支店長としては、特に弱点の発見、課題の発見こそが最も重要な作業となる。

このようにして明確となった諸課題への取組みと、本部所管部門から指示される様々な目標の達成に向けた取組みとを組み合わせて、「経営方針」をとりまとめていくことになる。まずは、その骨格を描き、関係役席者や主だった担当者の意見や感想も聴いて加除修

正を行い最終的な経営方針として固めていく。
この際注意してほしいことは、必ず「自分自身の頭の中で論理を積み上げ展開し、それを文章化し、そこに矛盾や齟齬や欠落や飛躍がないかどうか注意深く確認する作業」を怠らないことである。自分が支店の「オーナー社長」になったくらいの心構えで取りまとめることである。決して部下任せ、丸投げしてはいけない。

具体的な経営方針は次のようなものとなる。

①支店経営の全般

・長期間、業績表彰を獲得できず支店全体に元気がないのでこれを改善する
・部下の声に耳を傾け、本音を拾って、風通しの良い支店経営に心がけ、支店全体が一丸となって目標に立ち向かっていくようリーダーシップを発揮する
・長く続く個人預金の低落に歯止めをかけるべく窓口と渉外担当との役割分担の明確化と連携強化に取り組み○年以内に挽回する
・当店の強みの一つに、優良取引先○社との取引があるが、最近他金融機関の攻勢が激しく、防戦に四苦八苦の状況にある。全社的なサポートをお願いする

②窓口課（係）

・CS評価が低く近隣競合金融機関支店と比較しても窓口応対に元気がないので、接遇や

ＣＳ活動に関して本部所管部門の指導を受けできるだけ早期に改善するよう取り組む

・店頭セールス項目が軒並み不調なので、支店内で月1回ロールプレーイングを実施してマインドとスキル向上に取り組む

・店周開拓率（店周口座数／店周人口）が弱く個人メイン口座が少ないのは、ロビーが著しく狭いのが一つの要因と考えられる。事務処理スペースは少し削れるのでカウンターラインを下げてロビースペースを拡大できないか○月までに本部所管部門に検討を依頼する

・ＡＴＭ装備が不足していると思われるので、本部所管部門に相談しＡＴＭに関して増設の必要性について早期の結論を依頼する

③**事務（業務）課（係）**

・事務量（口数）に対し他店比勘定照合時間が遅く、また事務ミスも多いので、その原因を究明し、改善策を立て担当者のスキルアップを図り、勘定照合時間を現状比○分繰り上げ、事務ミス○％縮減に取り組む

・1人当たり事務量が平均値より低い（効率が悪い）ので、○年までに○人の人員削減に取り組む

④**渉外課（係）**

・数値目標のうち特に手数料収入の見込める取次商品が○期続いて弱いので、支店内で勉

強会を実施し、「一人一日○件提案」を合言葉に取り組む

・従来から「御用聞き」営業が中心なので、月ごとに重点取組商品を決めて積極的に提案活動していくよう取り組む

・訪問活動が特定の取引先に集中し過ぎているので、訪問頻度管理を徹底し、もっと訪問対象を拡大し幅広く訪問する

・都市計画が進んでいるようなので、最新情報を入手しエリアを特定して重点的に訪問強化する。状況を見て、増員の検討を依頼

・法人新規取引に成果が出ていない主因は専任者がいないことにあるので、○月から既存先担当者から一名新規専任へシフトし、実績が上がっていくよう取り組む。既存先担当者の負担は増えるが訪問頻度アップと効率化（週1回訪問先を月3回に減らす等）で対処する

・不動産が動いているので、地元有力不動産業者への訪問に注力する

・提案営業やコンサルティング機能が弱いので本部所管部門の専門家の指導を受ける

⑤融資課（係）

・融資額目標が○期連続して未達成の状況にあり、特に主要先のシェアアップが不十分なので、まずは今期、上位○社について○%のシェアアップに取り組む

・重要先に対する役員訪問が少ないので本部所管部門と相談して強化する

・より的確で適正な融資判断ができるよう、取引先の定性的情報の収集に注力する。今期はまずは主要○社に関して情報の収集に着手する。以降、毎期○社のピッチで収集する

・格付け○以下の下位付き合いの取引先が○社あるが、ほとんど訪問もせず接触もせず、事実上放置している状況にある。経済状況も刻々と変化しているので、このうち当期は○社を重点先として抽出し深掘りに取り組む

・不稼働取引先の債権回収に関しての取組みが弱かったので、○月から月１回のペースで債権回収会議を設定して個社ごとの方針を確認しながら接触頻度を高める

・職域個人取引開拓が不十分なので、特に住宅ローン、自動車ローンの肩代わり工作を強化し、半期○件○億円達成に取り組む

以上の作業は、支店長が新しい支店に着任した際、初めに行うべき基本的な実践であるが、その後も、新しく始まる年度（期）ごとに見直し、次の点に関し整理して支店メンバーに対し当期の支店経営方針として「自分の言葉」で示す必要がある。

①前期実績と目標達成状況、自店の強み弱み
②テリトリーの概況
③前期の反省点を踏まえた今期の主要課題と取組方針
④今期目標を達成するための骨組み（具体的な柱となる施策のイメージ）

⑤部下の職務に対する取組姿勢（心構え）に関する指示

半期実績の着地点が予想できるタイミングの2、8月になったら、こうした点に関して文章化（箇条書きで可）しておき、期初に「自分の言葉」で部下に伝えられるよう準備しておくようにしたい。

ある程度の規模の支店長ともなると、こうした「経営方針を明確にする」実践を一切せず、作業はすべて部下にさせて、自分が気に入らないと「再検討」などと指示を出し、「乗っている」だけの支店長が多くなる。

しかし、功なり名を遂げた「大物支店長」がこうした「手抜き」をすることは決して好ましいことではない。

少なくとも、支店経営方針の「骨格」程度は自ら考え指し示すべきである。それすらしない（できない）のであれば、せっかくの「大物」の経営手腕が現場（支店）で発揮されることはなくなってしまう。新人もベテランも大物も、誰であれ支店長になったら虚心坦懐《きょしんたんかい》に支店経営に臨むべきである。

第3章
目標を達成する

目標を達成する

表彰獲得を目指す

- 目標値の妥当性をチェック
- ひと月前から目標達成に向け走り出す

店内を一丸とする目標管理会議

- 目標管理会議
- 材料管理

1 表彰獲得を目指す

(1) 表彰獲得のポイント

毎期、本部では経営計画（収益、ボリューム、自己資本比率等）を達成するための「マクロ」目標を決め、これを支店別にブレークダウンして「支店別目標」とし、そのインセンティブとして支店表彰制度を設け、各支店を目標に向けて活動させていく。

支店ではこれを課・係別に、さらには個人別にブレークダウンし、目標達成に向けた活動を実践していく。

表彰制度は金融機関によって異なるが、一般的には次のような構成になっている。

①業績表彰…預金・金融取次商品・融資・ローン・外為・金利水準・収益など営業ボリュームと収益に関する項目を評価する

②事務表彰…事務の正確性・効率性等を評価する

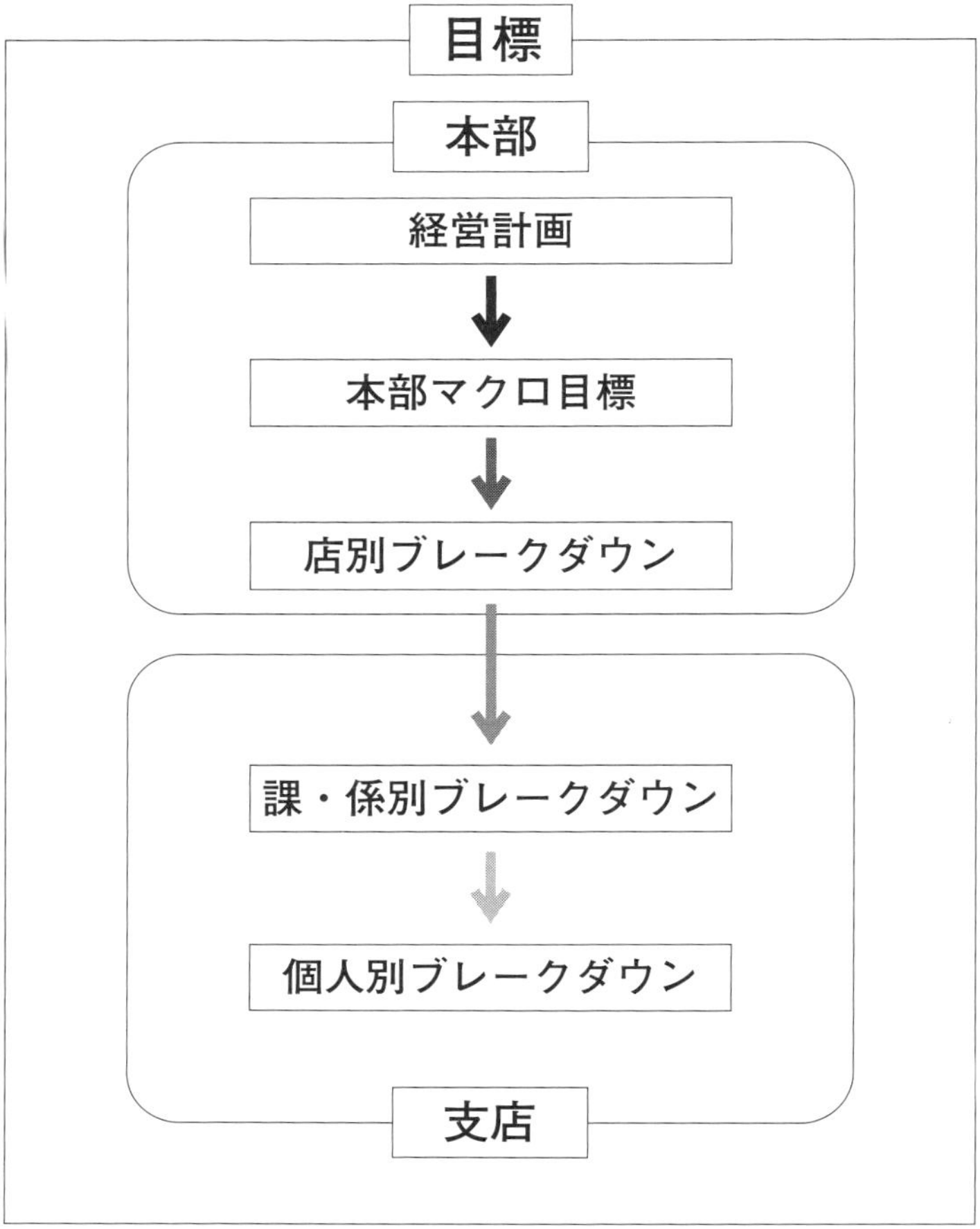
目標
本部
経営計画
本部マクロ目標
店別ブレークダウン
課・係別ブレークダウン
個人別ブレークダウン
支店

③基盤表彰…口座振替・給与振込・年金振込・保証協会残高・CS等を評価する

金融機関によっては、①〜③の表彰で対象にしにくい債権回収（不稼働債権の回収実績）に関する表彰や、時々の経営課題に関する目標を取り上げるケースもある。

こうした表彰制度は、支店間の相対競争で、支店を同質のマーケットごとにグルーピングし、そのグループ内で順位を競う場合が大半である。相対競争だから、本部が定めた目標を全店がクリアすれば全店が表彰を受けるわけではなく、例えば上位10％は表彰、次の10％は準表彰、といったように順位が決められるケースが多い。だから、上位のランクを獲るには、目標をクリアするとともに、自店が競争他店と比較して第何位にいるのか、チェックしておかなければならない。

金融機関経営の最小単位である「支店」がそれぞれの目標を達成してはじめて本部がマクロで計画した収益等様々な目標が達成できることになるので、目標を達成し表彰を獲得するよう支店経営していくことは、支店長の最も重要な役割の一つだ。目標達成に向け知恵を絞って作戦を練り、立てた作戦を実行するため支店長が先頭に立って支店メンバーを束ね一丸となって取り組んでいく。支店長の経営手腕が問われる最も重要な場面である。

高い目標にチャレンジしそれを着実に達成していくための基本は次の3点だ。

①周到な準備と多くの課題や困難を乗り越えていく緻密な計画とフォロー体制の確立

②支店メンバー全員を束ねてベクトルを合わせ店内を一丸とする
③支店長はじめ支店全員の誠実な全力投球の努力

目標達成はそうたやすいことではないが、達成できるようになると部下たちも元気になり、支店全体もイキイキとしてくる。すると不思議に取引先からの評判も良くなる。

逆に、目標に対して実績がついてこないと、特にそれが何期も連続するようだと、支店長も部下たちも元気が出てこない。だから、そうならないよう取り組んでいくことになる。

表彰制度に一喜一憂するのが支店長家業であるが、稀に、「表彰を獲得する」ことにひどく淡々として冷めた支店長がいる。しかし、金融機関経営の最小単位である「支店」がそれぞれの目標を達成していかなければ、全体の経営計画を達成できるはずもなく、こんな支店長が多いようだと、当の金融機関そのものの存続さえ危うくなっていく。

さらに、部下の身にとっても迷惑だ。こうした支店長に仕えることは一見楽そうだが、実際には、目標に立ち向かっていく意欲やエネルギーなしに毎日の職務に取り組んでいくことは意外に虚しい。特に、誠実で勤勉な人間であればあるほど、毎日が「成り行き任せ」で怠惰で漂流しているようであり、成長も望めないから、虚しさは増す。巡り合わせとはいえ、こんな支店長はとても迷惑で、できれば仕えたくない。

一方で、ガツガツとひたすら業績表彰にこだわり続ける支店長もいる。「ガツガツ」タイプの支店長は、大半が表彰獲得のためのマネジメント手法を身につけているから、そのスキルを持ち合わせない「淡々として冷めている」支店長よりはるかにましである。しかし、「ガツガツ」が行き過ぎると部下がくたくたになってストレスがたまり、健康に不調を訴える者も現れ支店経営に支障をきたすようなケースもある。「一将功なりて万骨枯る」、これは困る。行き過ぎは禁物だ。

表彰を獲得することは容易なことではないから、「どうも今期は無理だな」と思えば、来期を期した活動に重点を置き今期は種まきに徹するという方法もある。もちろん、種まきに徹するといっても、表彰制度を一つのゲームと捉えれば、ビリはいただけない。支店全体が「負け犬」になってしまう。どんな厳しい時でも、「最低○位は獲ろう」という意欲は持たねばならない。

支店長たるもの、表彰獲得を目指すよう支店経営に取り組むことは最も重要な使命の一つである。

(2)目標値の妥当性をチェック

本部からの目標を達成し表彰を獲得するための実践は、まず、与えられた目標値のすべてについて、「課別→係別→個人別」にブレークダウンしていく作業から始まる。

①課別、係別に担当者の経験や担当先やポジション等に応じて公平に割り振る

②各人はそれを取引先ごとに（目標値が取引先ごとに割り振れない場合は月別に）ブレー

クダウンする

この際重要なことは、重要度の高い目標項目（表彰制度の配点が高い項目）については、取引先ごとに（月別に）割り振った目標数値に妥当性があるかどうかを、担当者や担当課長・係長と一緒にチェックすることである。

例えば、窓口担当が受け持つ店頭セールス目標値については、半期の営業日数で割って一日当たりを計算し、来店客数や前年同月実績等を加味して、それが現実離れしていないかどうかチェックする。

渉外担当が受け持つ新規取引先獲得等の目標については、過去から現在に至る実績や工作中の取引先の進捗状況と比較して達成可能性はあるのかどうかチェックする。

融資担当が受け持つ融資額であれば、取引先ごとに割り振ったあと、前期の実績や今期の資金需要の有無や他金融機関からの肩代わり余地の有無などを吟味する。

特に重要度（配点）の高い目標に関しては、このように必ず事前にチェックし、次のように分類する。

①比較的容易に達成できそうな目標はどれか
②背伸びすれば何とか達成できそうな目標はどれか
③どう考えても達成不可能と思われる目標はどれか

こうすることで、支店のトップとして、今期は特にどの項目に力を入れていかなければならないかがある程度見えてくる。各担当者も、目標項目別の取組みの強弱が把握でき挑戦意識や意欲が高まっていく。

支店長が「努力のいかんによっては目標をクリアできるかもしれない」という感触がつかめたら、表彰獲得に向け店内をぐいぐい引っ張っていく。

ところで、どう考えても達成不可能な「妥当性を欠く目標値」があった場合はどう対応するのが良いだろうか。二つの考え方がある。

①ともかく目標だから何が何でもやり通す

②妥当性を欠く目標に代えて店内で自主目標を立てその達成に取り組み、次の期に向けた準備をする

本部担当役員からすれば、当然ながら後者は許されるものではない。「定めた目標に挑戦しないというのは職務放棄に近い」と考えるのが相場だろう。

しかし、真剣に支店経営に携わる身としては、支店メンバーを、「明らかに達成不可能」と分かっているような目標に向かわせておいて、毎月の目標管理会議の都度、目標未達成の言い訳を聴くことに終始する、というような無意味な体たらくだけは避けたい。

支店長たるもの、本部指示を何が何でもやりぬこうという意欲は不可欠であるが、そもそも自店にとって達成不可能な目標に対しては、支店経営のバランス（合理性）を優先さ

せ当該目標達成を諦め、その代わり店内で市場（テリトリー）や実力（過去実績等）に照らし合わせた自主的な「努力すれば何とか達成できる目標値」を設定し、これに向けてチャレンジしていく。そして、次の機会を狙う。そのほうがベターだ。もちろん、このような場合には、本部所管部門にその旨を伝えておくのがよいだろう。

●ひと月前から目標達成に向けて動き出す

目標管理は、一般的には4―9月、10―3月という期間で行われるが、半期を3―8月、9―2月と捉え、常に1ヵ月前倒しし、当期を3月、9月から始めるつもりで取り組むようにすると、目標達成の可能性が増してくる。同じ6ヵ月だが、期の目標を、常にひと月前から始めひと月前に目途を立てるようなやり方をしていくのである。

こうしておくと、うまくいかない場合なら、残りの1ヵ月（3月、9月）で何とかすることもできるし、うまくいけば他店より1ヵ月早く次の期の準備に入れる。

一般的な目標へ向けた取組みを考えてみると、本部目標は3月、9月の中旬あたりに示されるから、ここから支店内のブレークダウン作業が始まるが、期末、期初の忙しさもあって、少し油断すると、各担当者が期の目標に向かって本格的に動き出すのは、4月、10月の半ば過ぎたあたりになってしまうことも多い。これでは、実質的に目標達成に向けて取り組む期間はわずか5ヵ月程度になってしまう。

だから、半期を3―8月、9―2月と考え、期の目標達成に向けた取組みは、常に1ヵ月前倒しし、当期を3月、9月から始めるつもりで挑むのである。

もちろん、その時点では本部の目標は来ていないが、前期目標や次の期の本部重点方針等の情報に基づいて、「ひと月前から走り始めひと月前に終わらせる」つもりで目標値を仮設定し、本部目標が来たら必要な修正を加える。

こうして、余裕を持って常に一歩前を走るよう支店経営に取り組むようにしたい。

なお、すべての目標項目について、6ヵ月に月割りして同時に取り組もうと考えると、結局すべてが中途半端になって手付かずになることがある。したがって、項目によっては、重点月間を設定して一気に目標達成するなど、メリハリを利かせて取り組んでいく工夫も大切だ。

2 店内を一丸とする目標管理会議

目標を達成するためには、日次、週次、月次の各段階で、適切で緻密な「目標管理」を実践していかなければならない。

常に目標と実績を対比して必要な指示を与え、期日管理を行い、目標達成に向け着実に取り組んでいくための、店内を一丸とする体制づくりが欠かせない。

①日次管理

・主要な数値の把握

個人預金は、給料・賞与や年金の振込日には増加するし、口座振替が集中するような日には減少する。法人預金は資金決済が集中する月末に大きく増減する。融資残高は、返済を月末に集中させているようであれば月末に減少する。自店のボリューム（業容）や収益に大きな影響を持つ根幹となる数値に関しては毎日チェックし、こうした大きな流れを把握しておく。

その上で、通常の増減とは異なる大きな動きがあった場合には、必ずその理由を明確にしておく。増減理由が後記③の月次会議の席でテーマとなっていないような、予定していなかった大口預金が窓口で作成された、突然融資の返済があったというような場合には、速やかにその内容を調べ、お礼の訪問をしたり、返済理由を問うべく取引先を訪問する、といった対応をとる。

来店客数、新規口座開設件数、ATM利用件数、為替取扱件数など、支店長として店勢発展上チェックしておきたい項目があればそれも日次管理する。

なお、日次管理は日々の「流れ」の把握が主な目的であるし、対応が必要な場合には「素早さ」が肝要なので、会議などせず口頭ベースで関係者間で済ませるのが原則。

・日報のチェック

各課・係からは担当者ごとに「日報」(毎日の実績記録・訪問記録等)が翌営業日の朝回付されてくる。すべてに丁寧に目を通し、部下たちの日々の目標への取組状況をチェックする。また必要に応じて次のようなコメントを付ける。

「よくやってくれた、ありがとう」

「もう一歩のところだから頑張ってほしい」

「もう少し○○に関して検討して下さい」

「いつでも一緒に訪問するから、声をかけて下さい」

「今月の目標は達成だね、ありがとう」

どの担当者も、支店長から何かコメントが付いてくるのを楽しみにしているから、できるだけ一言コメントを書いて戻すようにする。

②週次管理

週次管理では、「役席会議」（課長や係長など、支店内の役席者全員参加）によって、主要目標数値の進捗状況を把握し、役席者間の情報レベルを一定に保ち重要情報が店内全体で的確に共有できるようにする。朝15分か30分程度で済ませる。

関係職位者から、日次管理している根幹となる目標数値等に関して簡潔に進捗状況を報告させると同時に、次のような、各課・係が他の課・係に知っておいてもらいたい情報をお互いに報告し合い支店全体で情報を共有する。

・今週は○日の○時から○○会議を開きます
・本部の○○さんが○日に臨店すると連絡がありました
・取引先の○○さんが窓口に来て「待ち時間が長すぎる」とのクレームがありました
・取引先のA社に不安情報があるので、同社から窓口で大口の預金支払いの申し出があったら○○まで連絡をほしい

これらは、直接的に目標管理とは結びつかないが、日常的な情報を共有しておくことで、支店内各課・係の業務運営や営業活動が円滑に進んでいくという効果があり、支店の一体化効果もあり、目標管理のモチベーションをベースで支える効果がある。

なお、会議によらず、週1回（月曜日など曜日を決めておく）5～10分程度の全員参加の「朝礼」を行い、そこでこうした情報を共有していく方法もある。

③月次管理

月次の定例会議で目標管理する。これが最も重要である。

会議としては次のようなものが考えられる。なお、これらの会議に先立って、各課・係は、会議用資料を作成し、事前に課内（係内）打ち合わせを開き、あらかじめ問題点、課題、解決策等を考えておくよう準備しておく。

・営業推進会議

業績表彰制度の表彰獲得に向けた営業推進全般の会議。営業推進に関するすべての目標項目一つひとつについて、目標と実績を比較し、課題を明確化し対策を決める。同時に競争他店との相対順位も把握し、表彰獲得の可能性もチェックする。また、預金や融資残高の動向を月次ベースでチェックする。

以下の会議をすべてこれに一元化してもよい。

・事務会議

事務表彰制度の獲得に向けた会議。すべての目標項目一つひとつについて、目標と実績を比較し、課題を明確化し対策を決める。同時に「一算ゴメイ」（1日の勘定集計が1回で合う）や「事務ミス撲滅」など事務管理全般の品質向上についても打ち合わせる。この会議には、できるだけ最前線で取引先と接して毎日こつこつ業務をこなしてくれている担当者の生の声を聴くよう、窓口担当者（テラー全員）、各部門の業務（事務）担当者にも出席してもらうとなおよい。

・融資会議

主として法人取引に関する融資案件の実行状況、案件材料の在庫状況を個社ごとにチェックする。同時に、案件が発生したような取引先や融資提案をする予定の取引先などに関しては、必要に応じて個社の融資運営方針を確認する。また、格付けの異動や不良債権の回収状況や他金融機関動向等について議論する。

・取引先会議（渉外担当者会議）

個人関連数値（預金、ローン、取次商品）実績のほか、主要既存取引先、新規工作先別に、個社（個人）ごとに案件の進捗状況、材料の在庫状況をチェックし、取引方針・提案内容を確認する。住宅ローンに関しては、チャネル（業者・サプライヤー）ごとに実績を把握する。いずれに関しても、問題点があれば対策を考え速やかに行動に移す。営業推進会議や融資会議と一体化させてもよい。

④期初全体会議

期の初めに行う会議。支店長が主役の会議。（第2章「経営方針を示す」参照）

●会議運営のコツ

会議は、会議を通じて目標と実績を管理し、課題や問題点を明確化して対策を練り、それを行動に移し、同時に、支店内のベクトルを合わせ、一丸となって目標に向かって邁進させていく、目標管理を実践する最も重要な場である。

したがって、会議は「形式」でやるものではなく、「実質」的な果実を求めて実施するものであり、会議運営の巧拙が支店経営の巧拙の決め手となる。

会議運営のコツは次のようなものだ。

①適切な会議の数とは

会議の数はその目的に沿って決めるが、似たものはできるだけまとめ少なくすることである。月の初めになると、前月実績が出てきて資料作りが始まり会議が続くが、会議の資料作りや出席負担で業務活動に支障が出ることもある。これでは何のための会議（目標管理）か分からなくなってしまう。効率重視を旨とし会議の数は少なくするようにしたい。

②出席者をどう選定するか

会議の主催者は、その会議に最も責任を負うべき立場にある「課長」とし、メンバーは会議の目的に沿って決める。ただし課長職は、できれば担当する会議以外の会議にもすべて出席させて支店経営全般に関する情報を共有させておいたほうがよい。店内を目標達成に向け束ねていくには、課長職のベクトルが合っているほうがよい。それに、「岡目八目」という言葉があるように、会議の主催課とは関係のない課長の一言が問題や課題に対する思わぬ解決策を発見する糸口になったりすることもある。

③会議資料は簡素に

資料は、時系列（月単位、前期（同）比）で把握できるよう工夫する。また、分かる範囲で表彰を競い合っている競争他店の状況も簡単に記載する。

会議資料作成負担はばかにならないから、作成者の負担を考え簡素なほどよい。支店長によっては、追加資料を次々に求めて次第に資料が多くなっていく。歴代支店長がこれを繰り返しやっていくと、資料作りの負担は大きくなっていくばかりだ。

新しい資料を追加する場合には、必ず㋑作成負担と利用目的（効果）を比較して効果が大きいこと、㋺自分の満足のためではなく部下が目標達成に向かって走りやすくなること、などを確認してから指示する。また、効果の少ない資料は思い切って廃止し作成負担を軽減することも大切だ。

④時間は短く

皆忙しいわけだから会議時間は短いほうが良い。ルーチンワークの最も少ない「支店長」の時間繰りに合わせて会議をやるとどうしても長引くので、「長くても１時間以内」とルール化する。これ以上長くなると集中力はなくなるし日常業務に支障も出てくる。

また、「朝型会議」も良い。朝だと、来店客があるので遅くとも9時半くらいまでには終了させなければならないからだ。

⑤言い放しにしない（期限を定める）

会議の中で決めたことは記録を残し、「○月○日までに完結させる」というように必ず期限を定め、それまでに状況を報告させる。次回会議の冒頭には、これらの進捗状況を必ずフォローする。

ビジネスはすべからく「やってなんぼ」だから、「期日管理（期限管理）」は極めて重要だ。言い放し、やり放しがないようにする良い方法は、「スケジュール管理」等のPC機能を活用することである。漏れなく確実に管理できる。

⑥主役は支店長ではない（独演会にならない）

会議を開くと、支店長の昔話や自慢話が始まり独演会になってしまうことがある。「自分の若い頃は」「自分ならこんなヘマはしない」など、議題から離れわき道にそれて支店長が主役になってお説教が始まったり自慢話が始まり喋り出して止まらなくなる。そうしたケースは意外に多い。本人は気分がよいから気が付かないが、自制していても、どうしても独演会になりがちだ。

しかし、会議の目的は支店長のお説教や自慢話を聴くことではなく、いかに目標をクリアするかである。主役は支店長ではない。あくまでも、目標を背負って実績積み上げに必死に取り組んでいる担当者や課長や係長だ。そのことを忘れてはならない。

⑦罵倒して突き放さない（一緒に考えて解決策を探る）

目標達成できない部下に対して、「なぜこんなことができないのだ、もっと汗をかいて何とかしろ」「まだ工夫が足りない。もっと深掘りしていろいろ考え工夫して打開策を考えろ」「課長（係長）、もっとしっかりしろ、君の指導が悪い」などと抽象的に突き放してはいけない。突き放してもすばらしい打開策が出てくることは決してない。むしろ、突き放された部下たちはいろいろ悩み、ムダな時間が過ぎ去るだけだ。

うまくいっていないとすれば、その原因は担当者や課長・係長にあるのではなく、支店長が的確な指示を出せていないところにある。したがって、問題や課題があれば、支店長は、その担当者や課長・係長と一緒になって議論して目標達成へ向けた解決策を探り、行動に移せる具体策まで決めなければならない。

決して突き放してはいけない。くれぐれも、ＯＫＹ（お前、ここに来て、やってみろ）などと揶揄されないよう注意しなければならない。

⑧教育の側面を忘れない

会議は、最も効果的に「ＯＪＴ部下教育」ができる場だ。ベテランから若手まで会議の出席者全員が同レベルの情報を持つことになるので、それぞれのレベルに応じた理解力や実践力の訓練ができる。支店長の指示やベテランの発言には様々なノウハウが含まれており、知らず知らずのうちに若手に伝わっていく。逆に、若手の新鮮な発想が支店長やベテランを刺激することもある。

担当者からは、失敗事例も成功事例も、いずれも素直に報告させるよう指導する。失敗事例や物事がうまく進まないような場合には、問題解決のため皆が一緒に議論し知恵を出し合って打開策を探るようにする。そのプロセスで、実践で身につけるべき実務知識を習得させていく。また、成功事例に関しては、できるだけ詳しく報告してもらい、店内で横展開しその手法を共有するよう心がける。こうした場面を多く経験した部下ほど育っていく。もちろん、支店長自身も育っていく。

●材料管理

預金や融資、新規取引など重要な目標管理項目については、必ず「材料帳」（PC管理、あるいは一件一葉のメモを起こし管理する方法もある）に、A社には○月に設備投資資金の需要がある、B社は○月に賞与資金需要が発生する、といった案件の「材料」を、個社別、案件別に記録しておく。

そして、その確率の高い順にA（確率80％以上）、B（確率50％以上）、C（確率50％未満）等にランク分けして管理し、営業推進会議等の際に次のようにその進捗状況をチェックし、どのような対策を打つべきか議論する。

①Aランク案件はすべて獲得できたか

②Aランク案件で取り逃がしたものがあるのなら、その要因が、競合他金融機関からのより有利な提案によるものなのか、担当者の営業不足なのか、取引先のニーズの変化があったのかを分析し、他のAランク案件も同様の轍を踏まないよう対策を練る

③Bランク案件に関しては、Aランクへのランクアップのための提案活動等ができているかどうかチェックする

④Cランクは多いがA、Bランクが少ないようなら、Cランク案件への掘り下げを強化し確度をランクアップするよう活動したり、材料全体のランクアップのため提案内容を変えたりトップセールス（支店長はもとより所管本部の役員等）を強化する

⑤すべてのランクの材料が減少しているようなら、目標項目に応じて候補となる取引先を新たに抽出して個別具体的な提案を検討し提案営業を強める。また、とりあえず営業活動量を増やし訪問頻度を上げて取引先ニーズ把握に努力する

こうした手を打ち絶えず仕込みをしていかなければならない。

第4章
営業力を強化する

営業力を強化する

営業力強化の基本原則

- ●目利き力を養う
- ●訪問頻度管理

既存先シェアアップ作戦

- ●個社別取引方針の決定
- ●重点ターゲットの選定
- ●提案型営業

新規開拓作戦

- ●新規開拓の重要性
- ●ターゲットの選定
- ●反復工作とニーズの発掘

個人取引の推進

- ●個人取引の重要性
- ●富裕層取引
- ●ローンの推進

1　営業力強化の基本原則

(1) 目利き力を養う

「目利き力」、すなわち取引先を見る目は、「問いかけと傾聴」を通じて養うことができる。取引先を訪問したら、次のような点を具体的に問いかけ、取引先の財務数値の元になっている商売の骨格や基本となっているキャッシュフローを把握し、財務数値だけでは理解できない商売の現況や先行き見通しを傾聴する。

①売上総利益を形成する基本構造、すなわち、どこから何を仕入れ、どのような付加価値を付けて、どこへ売っているのか、収益の核となる主な商材は何か（それは時代とともにどのように変遷しているか）、季節要因はどのようなものか、主な売り先の最近の景気はどうか（事業部制をとっている場合や海外部門があればその部門ごとに同様に問いかける、以下同様）、主な仕入先に変化はないか（あるとすれば

その理由は何か）

②売上総利益、売上総利益率の水準はどうか（同業種と比較）

③買掛金、売掛金それぞれのサイトはどのくらいで、収支ズレと資金繰りの基本はどうなっているのか、足元の売上や在庫状況、売掛金回収状況はどうか

④コスト構造（変動費、固定費）、売上総利益とコストの比率（ＯＨＲ：コスト／売上総利益）はどうなっているのか（同業種と比較）、損益分岐点はどの程度か

⑤資金調達の詳細はどうなっているか

・金融機関ごとの取引明細、取引状況（借入金額、同本数、借入条件（金利、担保、期間））

・ノンバンク（リース会社等）利用状況

・資金使途と返済原資は明確で返済期間は適正か

・キャッシュインを産まない不稼働資産、遊休資産等に資金が使われているようなことはないか

・借入本数が多く資金繰りオペレーションが複雑化していないか

・月間合計返済額は月次資金繰り上どの程度の負担になっているのか、月商対借入比率、債務償還年数はどの程度で業界比適正か

・手持ち資金（いざという時すぐに使える資金）は年間売上総利益相当額あるいは月

商の2ヵ月分以上あるか
⑥①〜⑤から、基本的なキャッシュフローはどうなっているのか
⑦今後6—12ヵ月程度の売上見通しはどう考えているのか
⑧今後6—12ヵ月程度の資金繰り（キャッシュフロー）はどんな感じか
⑨資金需要はどうか
⑩経営課題や問題点は何か、業界動向はどうか
⑪経営計画があればその概要はどうか（将来性の把握）
⑫従業員数の推移、従業員（職域）取引は充足されているか

これらはいずれも取引先を深く理解する上で欠かせないものばかりであるが、特に①〜③は取引先事業収益の源泉と基本的なキャッシュフローを知る上で不可欠であり、重要性が高い。

まとめて一度に全部問いかける必要はない。訪問時だけでなく、決算書説明を受ける場合にも、主だった数字の後ろに隠れている商流・商材・資金の流れなどを細かく問う。知っておきたいことを適宜タイミングよく問いかけ傾聴する。

こうしたことを積み重ねていくことで次第に取引先の事業内容の骨格や基本となっているキャッシュフローがより正確に自分の頭の中で整理されてくる。

これと並行して、次のような取引先の定性情報も収集していく（定性情報に関する記録書式が簡素過ぎる金融機関も多いので、充実した専用シートを作成し加除修正履歴を含め継続的にフォローできるようにしておく）。

①業歴（誰がいつどのように創業し今日に至ったのかなど）はどのようなものか
②他にない特徴や独自性は何か（強み、弱み）
③組織構造、社内規則、法令順守状況はどうか
④店舗や工場の現況はどうか、陳腐化していないか
⑤従業員の年齢構成はどうか、会社の雰囲気はどうか
⑥金融機関取引状況はどうか（決算書等とともに提出される金融機関取引明細でも分かるが、メインバンクのシェアが大幅に落ちているケースや金融機関数が増減している場合にはその理由を聴いておくとよい）
⑦社長の描く事業の目的とそれを実現するための明確なビジョンはあるか、情熱はどうか（将来性、事業継続可能性のチェック）
⑧社長の人間性（信頼できるか）や経営手腕や人脈はどうか
⑨株主構成はどうか

⑩後継者は育っているか
⑪社長や経営者一族の個人資産等の背景資産はどの程度か

取引先を訪問する都度、こうした問いかけを行い取引先の声に耳を傾けて多面的な情報を集め、これらの情報に財務数値を組み合わせて取引先の真の実態に迫り実力を推し量る。取引先の規模が大企業であれ中小企業であれ零細企業や個人事業主であれ、また、業績順調な優良企業と目される企業であれ格付けの低い先であれ、単に、財務上の数値や格付けの良し悪しだけで取引先を評価するのではなく、取引先と同じ目線で向き合い「問いかけと傾聴」によって取引先の事業内容やキャッシュフローを明確に自分の頭で理解し、強みと弱点をできるだけ多面的に正確に分類し、取引先事業の歴史を知り経営者の経営手腕を見極める。

このスキル、すなわち「目利き力」を養い磨いていくことが極めて重要となる。こうした取り組みをしていくと、取引先の全体像がより明確になってきて、財務数値や「格付け」、担保評価額とは異なる真のリスクの輪郭が明瞭になり、最も適切な資金供給はどのようなものか（金額・返済期間）が明らかになってくる。さらに、把握できていなかったニーズや提案型営業の種（シーズ）も発見できる。その結果、本当の意味で、攻め込んでいくべき先か、現状維持程度がよいか、消極方針にしたほうがよいかといった営業の基本方針がより正確に判断できるようになり、融資案件に対してもより的確でスピーディーな審査判断ができるようになる。また、取引先に真に役立つ提案型営業も可能となるし、系列関連会社等と連携した取引先への的確なアドバイスなどコンサルティング機能も強化できる。

なお、支店の窓口担当者などからのちょっとした情報も見逃さないよう留意しておきたい。例えば、毎日来店する取引先の経理担当者が、いつも親しくしているテラーにこっそり「最近うちの経理部長、辞めちゃったのよね」などと耳打ちしたとする。こうしたケースの中には稀に、使い込みしたとか、経営者と深刻な意見対立があるといった場合もあり、当該取引先の資金繰りなどに悪影響を及ぼすような事態が発生していることも考えられる。「最近取引金融機関が増えて大変なのよ」などと愚痴を言っていたら、知らないうちに他金融機関が攻め込んできているかもしれない。

日々取引先と接している最前線の担当者のこうしたちょっとした情報も、すぐに支店長の耳に入るようにしておきたい。

情報量は多いほどよい。

●適切な問いかけと傾聴のヒント

「取引先をよく理解しよう」と思えば、自然に様々な問いかけが生まれてくる。

公私を問わず、自分が興味を持ったことに関しては、より深く知ろうと様々な「?」が湧き出してきて、「どうしてだろう、なぜだろう」と問いかけ、深掘りしていく。典型的なのは自分の「趣味」の場合だ。時間もお金もつぎ込んでワザを高めたり理解を深めていく。次々に疑問が生じそれを解決して理解が深まっていく。報酬もないのに（いやむしろ出費は増えるのに）追求する努力を怠らない。

翻って、職務において、このようなレベルの強さの「興味」を持って取引先の事業内容を理解しようとしているだろうか?

表面的な理解で済ませるのではなく、もっと深掘りしていくことである。

例えば、衣料販売を中心とする小売業を営む取引先の売上が急に減少したケースで考えてみる。

Q1「なぜ売上減少したのですか?」

A1「季節要因です」

——多くの場合、この段階で「ああそうですか」で済ませている。しかし、これでは何一つ理解したことにはならない。「季節要因」は新聞紙上などでは日々見かけるテクニカルタームであるが、業界業種によってその意味するところはすべて異なる。だから、これで売上減少の理由を理解したと言うことはできない。

次のようにさらに問いかけを続けなければならない。

Q２「もう少し詳しく教えて下さい」

A２「気温が予想以上に高くなって売れ残りが多くなってしまった」

――「ああそうですか」。ここで済ませてしまうと、数字を理解するには至っていない。

Q３「特にどのような商品が売れ残ったのですか？」

A３「防寒衣料ですよ」

――「ああそうですか」。これでも理解は不十分だ。

Q４「何をどの程度仕入れて、何がどの程度売れ残ったのですか？」

A４「○○を○着、約○万円相当仕入れたが、それが半分しか売れなかった」

――だいぶ理解は深まったがもう少し問いかけが必要だ。

Q５「売れ残った分はどうしたのですか？」

A５「半値で売って処分した。結局○万円損をしてしまった」

――ここまででもよさそうだが、できればさらに、

Q６「今回の件で、次の季節への改善策などは見つかったのですか？」

A６「価格の高い重衣料に関しては仕入数をもう少し慎重に決めようと思う」

――ここまでくれば売上急減の理由も分かってくるから、問いかけは終わっていいだろう。

特に相手が大企業だったり業績好調な優良企業だったり、十分な担保が確保されている

ような取引先に対しては、その事業内容や財務数値の根拠等に関して知っておきたいようなことが生じた場合でも、「細かく詳しく聴いていくと取引先に対して失礼ではないだろうか」「しつこいと思われはしないだろうか」などと気を遣いがちだが、取引先を深く理解しようとすれば自ずと問いかけは繰り返され次第に細かくなっていくものなのだ。細かくなってきて、やっと「なるほど」と腑に落ちるのである。だから気を遣い過ぎてはいけない。

取引先の中には、稀に、金融機関からの細かい問いかけを煩わしいと感じる先もあるが、ほとんどの取引先は、「なかなか熱心だな」「うち（わが社）のことをしっかり理解しようと努力してくれているな」と好意的に受け止めてくれる。また、はじめのうちは煩わしいと感じていたような取引先であっても、熱心に問いかけを繰り返していくうちに次第に理解して必ず応えてくれるようになる。

昨今、金融マンの取引先を見る目が弱くなってきた、という話を多く耳にするが、最大の原因は、問いかけの少なさだ。取引先と同じ目線で取引先に真摯に向き合い、疑問に対して掘り下げ迫っていく努力が足りない。

外部信用調査機関の評点、財務数値に基づいて算出される内部の格付け（いずれも財務数値に基づいて算出されるので過去の数値）、担保評価額など、「数値」で取引先の信用度を決め込んでしまい、本部審査所管部門もそれに輪をかけたように「数値」依存症になっているケースが多い。損益に直接影響する貸倒引当率がそれで決まってしまうのだから仕方ない面はあるにしても、行き過ぎの感も否めない。

その結果、大企業や特定の優良先に各金融機関が殺到してこぞって攻勢をかけるような事態に拍車がかかり、ますます、真に資金ニーズのある取引先の「真の姿」に迫り真のリスクを正確に把握しようとするスキルを磨くこと、真摯に取引先と向き合うことを忘れてしまうのである。

これでは、「資金需要のある取引先に対して健全な資金を供給することを通じて企業を育成し経済を活性化させていく」という金融本来の役割を果たすことはできない。

取引先と日々直面して取引している最前線にある支店長、部下たちは、外部評点や内部格付け、担保評価額といった「数値」だけに依存し過ぎることなく、取引先の実態をより正確に理解し、より適切で正しい判断ができるよう、原点に立ち戻り、取引先と同じ目線で向き合い、繰り返し問いかけ傾聴して取引先の内容をより深く理解するスキル、「目利き力」を養い磨き、健全な資金需要には積極的に応えていく、という基本姿勢を取り戻したい。取引先のニーズや提案型営業の種（シーズ）に迫り、コンサルティング機能を強化していきたい。これは、そのテリトリーにおいて「強い」金融機関になるために必要かつ不可欠な基本姿勢だ。

●経営者の経営手腕を評価する5つのチェックポイント

攻めるにしても守るにしても、取引先のリスク評価に際して極めて重要なポイントとなるのが、経営者の経営手腕である。

繁栄し成長する優良企業は、「金融機関としっかりとした信頼関係を構築」し、金融機関をうまく活用しながら「ゆとりある資金繰り」を実現しているが、そうした企業の経営者に共通する特徴は次の5つである。

①誠実で公私混同しない

人柄や持ち味の差はあっても、誠実で正直で曲がったことが嫌い。公私混同が行き過ぎていたり、嘘を言ったり、平気で他人を裏切るようなことをせず、一言でいえば、信用・信頼できる人物である。

②細部にまで目が行き届いている

事業の全体像や資金繰りを含めた主要な数値はもちろん、「現場」（売上先、仕入先、最前線で職務をこなしている従業員）の細かいところにまで目が行き届き、情報量が豊富で、変化に柔軟に対応でき、決断も早い。経営に熱心な経営者ほど「細かい」ところまで熟知し、日々革新していくことに強いこだわりを持っている。

経営者が大雑把で経営できる時代ではない。

③従業員の声に耳を傾けている

従業員の声に耳を傾け社員の力をうまく引き出している。社内に自由闊達な雰囲気があり、人材育成もうまい。

超ワンマンになっている場合は組織に「もろさ」がある。

④同業者から学んでいる

同業者（競争相手）をよく研究している。異業種交流などに熱心でネットワークが広がっている経営者も多い。ただし、「○○会理事」など、業界団体や外部任意団体等の肩書を多く持つ経営者は、事業以外に時間を取られ経営に専念できないリスクがある。

⑤夢、信念、目的、目標、経営哲学などを持っている

事業の目的を明確に認識し、中長期計画によって将来に対してしっかりとしたビジョンを持っている。事業に夢を持ち、その実現に強い信念を持って情熱的に取り組んでいる。

こうした事業を動かしていく基本となるエネルギーのようなものがないようなら、事業継続にリスクがあり、経営者として大成することはない。

こうしたチェックポイントを点数化し、支店長が変わる度に経営者（社長）を評価して継続的に記録しておき、リスク判断の一助とすることをお勧めしたい。

⑵訪問頻度管理

営業力強化のためには、問いかけと傾聴を繰り返すことによって取引先の実態に迫っていく「目利き力を養う」（取引先を見る目を養う）ことに加えてもう1つ、「訪問頻度管理」を欠かすことができない。

渉外担当や融資担当に対しては、「訪問頻度管理」をさせていると思うが、支店長自身もこれをしなければならない。

ここで、あらためて支店長が取引先を訪問する目的は何か、ということを考えてみると、概ね次のようなものになるだろう。

①挨拶（表敬訪問）

大口の預金をしてもらった、新規に取引を開始してもらった、他金融機関からの肩代わりが成功しその融資を実行できた、などの場合、担当者とともに取引先にお礼訪問するようなケース。

②トップセールス

担当者から、「セールスしている先からなかなかOKが出ないのでトップセールスしてほしい」「融資売りこみで他金融機関は支店長が日参しているので一緒に訪問してほしい」というようなケース。これも担当者とともに取引先を訪問する（ケースによっては、本社所管部門の役員なども動員する）。

③トラブル・クレーム対応

トラブルやクレームが発生し、その事後対応に支店長が出向くケース。こうしたケースでは後刻「言った言わない、聞いていない」といった水掛け論になることもあるので、必ず複数人で訪問する。

④定期訪問

既存取引先のうち、預金や融資ボリュームの大きい大口先、永年の主力（準主力）先、取引は大きくないが今後攻め込んでいきたい先、地元有力企業、歴代支店長が重視し定期的に訪問していた先、債権回収の話し合いが進んでいる先、事業承継等足の長い案件がある先、新規担当者が攻めている新規工作先、などに関しては、担当者と連携しつつ支店長自らが訪問計画を立てて単独で取引先を訪問し、情報を収集し親密化を図り、提案が必要なら進んで提案する。

これらのうち、①～③に関しては、概ね、部下から支店長に対して「訪問してほしい」旨の依頼があってから動くもので、部下起動の受動的な訪問である。もちろん、部下から訪問依頼がないような場合でも、支店長の判断で訪問することもあるが、こうしたケースでは、支店長は担当役席者を同行させて取引先を訪問することが多い。

ここでは、支店長の能動的な営業活動である④について、「訪問頻度管理」と絡めながら考えてみたい。

支店長の1日8時間は、書類を見る、決裁する、会議や打ち合わせに出席する、指示する、取引先の訪問を受ける、部下の相談ごとに乗るなど様々だが、こうしたルーチンワークはせいぜい2~3時間もあれば終わってしまう。残りの時間は、支店長が主体的に自由に動ける時間だ。

もちろん、期末で来期方針をまとめるためのデスクワークがあるとか、期初や決算月で取引先の来訪が多いとか、あるいは突然重要案件や大きなトラブルが発生した、というような場合、あるいは、窓口繁忙日には支店にいて部下とともに取引先を迎え入れたほうがよい場合もある。しかし、それ以外の場合は、例えばPC画面ばかり見て支店長席にじっと座っているようでは、もったいないしムダであり、何より支店長の職責を十分に果たしているとはいえない。やはりこの時間を取引先訪問に充てるべきだ。

訪問先については、前④に記したような先となるが、必ず担当者と連携しその意見も尊重して決める。訪問対象の取引先を選んだら、取引先ごとに訪問頻度（月に1回、期に1回訪問など）の目途を決める。

訪問は、お供（担当者や課・係長）を連れず原則として一人で行う。

担当者も課長や係長も忙しい。それに、支店長が一人で取引先を訪問し経営者と会話を交わせば、話題はトップ同士のレベルのものになり、担当者では聞き出せなかったようなことも聞き出せる。さらに、前項で見たように、支店長自身が「取引先を見る目」を養うことができ、ニーズを発掘したり、リスクの輪郭が明瞭になって様々な判断がより的確に素早くできるようになる。新しい情報やニーズが発掘できれば速やかに担当者に伝える。担当者と支店長がそれぞれ複合的に別動することで、なお一層取引先との親密化が期待でき、情報量も増え営業チャンスも広がっていく。

そして、いつどこを訪問したか、その訪問記録をつくり訪問頻度管理する。記録のイメージは次頁のとおりで、支店内の誰もがいつでも見られるようにしておく。

営業力を強化していくためには、訪問すべき取引先、訪問タイミングや訪問頻度をきちんと管理（マネジメント）しておく必要がある。どの取引先をいつ訪問したか毎日記録しておき、定期的に、訪問活動は十分だったか、特定の取引先に偏ることなくバランス良く取引先を訪問できたか、訪問した取引先は現在の支店の経営課題に即し適切だったか、などをチェックしていくのである。

毎月、半期、1年を振り返って、総体の活動量（訪問量）、どの取引先にどの程度訪問したかチェックし、その上で、重要先への配慮は欠けていなかったか、その時々の課題に

訪問頻度管理（訪問日に○印）

（○月）

日／取引先名	1（月）	2（火）	3（水）	4（木）	5（金）	…
A	○					
B						
C				○		
⋮						

対応した取引先を適切かつ重点的に訪問できていたか、など支店長として、営業力強化にしっかりと取り組み役立ったかどうかを省みるのである。

仮に、案件や重要度が少ない割に訪問し過ぎたな、と思うような取引先があれば訪問頻度を落とす。重要先なのに「ご無沙汰し過ぎだ」、と考えれば頻度を上げる。じっと支店内にとどまり過ぎていたな、と感ずれば、今後より積極的に取引先訪問するよう計画する。

なお、支店長も部下も十分注意しておきたいことは、主力・準主力先、あるいは下位付合い先であっても長期にわたって安定した取引関係にある取引先への気配りだ。

「あそこは昔からうちの大ファンだし、長年にわたってうちとの取引を重視してくれているから、他金融機関が入り込む余地は少ない。安心で大丈夫だ」と思い込んで担当者だけでなく支店長までもが訪問頻度を落とし、何事につけて先方から話があるまでは特に営業活動をせずご無沙汰をするような状況になっていると、いつの間にか他の金融機関がシェアを上げたり新規参入してくることがある。取引先にしてみれば、何か案件があって、「今度、来てくれた時に相談しよう」と思っていても、なかなか来ず、その間に他の金融機関でも来訪すれば、「ちょうどよかった。ちょっと相談があるのだが」と、話がとんとん拍子で進んでしまうようなケースもある。それに、取引先事業の状況は刻一刻と変化しているから、金融機関へのニーズも変化する。どのような商売もそうだが、手を抜いて安住していれば必ずしっぺ返しがくるものだ。

毎日の営業活動は、どうしても、足元で案件のある取引先、競合の激しい取引先に偏ってしまう。それは仕方がないことではあるが、これを繰り返して2～6ヵ月と過ぎ去っていけば、既存先が他へ流れてしまうことも十分考えられる。訪問できないのなら、せめて電話やメールで「御商売のほうはいかがでしょうか。何かご用はございますでしょうか」などと接触を図っておくことを忘れないようにしたい。

いずれにしても、営業活動の基本はフェイスツーフェイスの接触であり、取引先全方位に目を配って訪問頻度管理することは非常に重要である。

ところで、どの金融機関にも見られるようだが、大型支店を任されている一部の支店長（支社長）の中には、ごく限られた一部の優良取引先しか訪問せず、あとは副支店長（副支社長）や次長などナンバー2に任せ、取引先の状況に関しても、大半を「間接情報」（部下からの情報）に頼っているケースもあるようだ。

しかし、こんな支店長だと、取引先の実態が分かるはずもなく、取引先も部下たちも、「ナンバー2のほうが、何でも知っていて実力あり」とみなし、何事もまずはナンバー2に相談するようになってしまう。

支店規模の大小を問わず、支店長は、大企業や優良先だけでなくできる限り幅広くより多くの取引先を訪問するよう努力し、適切な問いかけと傾聴姿勢によって情報量を豊富にしておき、様々な判断が杓子定規にならず、対応がより実態を踏まえた的確なものとなるよう努力していなければならない。

部下任せでは支店経営者不在と同じだ。

●接待・被接待のコツ

もともと金融業は、預金にせよ融資にせよ、金利水準も判断基準も各金融機関によってそんなに大きな差があるものではないから、接待や被接待とはかかわりのない範囲内で取引が完結しているケースが大半だ。最初から不良債権化する可能性の高い融資は避けるし、優良先に対する金利も他金融機関との競争や「格付け」ランクで概ね決まる。しかも、接待や被接待なしでも、相互に密接な関係を醸成することはできる。問いかけ上手で、取引先の話に真剣に耳を傾けてくれるような支店長であれば、取引先の信用・信頼を得やすく、取引先との信頼関係は強くなっていく。

現に、酒も呑まずゴルフもしない、俗に言う「付き合いの良くない」支店長であっても、そのことが理由で支店業績が上がらない、あるいは落ちてしまう、ということは決してない。逆に、酒もゴルフも大好きで、取引先と気やすく付き合うような「付き合い上手」な支店長であっても、そのことゆえに業績が上がった、というような話も聞いたことはない。

業績の好不調は、そうした次元で決まるのではなく、やはり支店長の経営手腕そのものの良否で決まるのだ。取引先の社長を見ても分かる。酒も呑まずゴルフもせず、世間で「付き合いがあまり良くない」と評判の社長もけっこう多いが、そのこととその会社の業績は無関係である。要は社長が経営の基本を実践しているかどうかで業績は決まってくるのだ。

とはいえ、金融機関も私企業であり、取引先とて機械ではなく血の通った人間であれば、酒の一杯も呑まぬ間柄より、多少なりとも、一緒に呑んだとか、ゴルフをしたといった関係があるほうがウエットであり、心情として相互に親しみを持つようになることは間違いない。そして、それが、スピーディーに取引の親密化につながっていくケースも確かにある。

こうした取引先への接待や取引先からのお誘い（被接待）に際して留意しておきたい点は次のようなものである。

①接待も被接待も、基本的には自粛方針で考える
②必要と判断される場合には、華美にならず（経費を抑え）、必要最小限に抑える
③接待を受け、先方とのバランス上「お返し」が必要と考えられる場合には、後日（3～6ヵ月程度後）の接待を考える
④接待相手が、部下の目から見て納得性がある取引先どうかに注意する。「支店長は今日も接待で大変だなあ」と思われることである。「またあの取引先とゴルフか（支店長は

いいな)」と見られるような接待なら止めたほうがよい

⑤平日ゴルフは極力避ける。一日「仕事」をしなくて済むが、それだけやるべきことができなくなる

⑥相手に気を遣わせてはならない。支店長の中には、接待する――取引先に気分良くなっていただき親密化を図る――趣旨を忘れて、ひたすら自分の自慢話や得意分野の話に終始し自己満足して自分自身の機嫌がよくなるような自制のきかない人物がいる。これでは、こちらが「気を遣う」べき接待が、相手に「気を遣わせ」疲れさせる接待となってしまい、なんのための接待か分からなくなってしまう。相手を立てることを忘れてはいけない

2 既存取引先のシェアアップ作戦

(1)個社別取引方針の決定

営業基盤を強化するには、前述した営業力強化の基本原則を踏まえ、①既存取引先のシェアアップ、②新規取引先開拓、の両面作戦で取り組んでいく必要がある。

はじめに既存与信（融資）取引先のシェアアップについて考えてみよう（ここでは与信先を中心に考えるが、受信（預金等）に関してもこれにならって対応していただきたい）。

まず、いわゆる「2：8の原則」（上位20%で収益（ボリューム）の80%を占める）が現状どうなっているのか、5～10年という長期のスパンでその変遷を含めて把握しておくことが重要となる。変化の激しい時代にあって、取引先の栄枯盛衰、主力金融機関の変化、市場（テリトリー）や産業構造の変化などにより、自店の根幹先も大きく変遷している場合が多い。これをしっかり見極め、現時点における自店の収益やボリュームがどの取引先にどの程度依存しているのか把握すると同時に、長いスパンで見た場合、成長途上にある取引先はどこなのか、今後どのような業種の取引先が伸びていきそうなのか、予測するのである。

同時に次の3点にも留意しておく。

①1社1社はシェア僅少あるいは小粒な取引先でも、それらを合計すると支店収益の大きな柱となっているような取引先が多数あること

②今は小粒でも将来性ある取引先が必ずあること

③現在の主力行がいつまでも不動であるようなことは決してないこと（シェア拡大のチャンスは無限にあること）

取引が小ぶりだとどうしても見逃しがちだが、こうした意識を持っておくと、攻め込むべき優良先を発見することがあるし、また、小ぶりだからといって決して取引先を軽視してはならないことを学ぶことができる。

これらの作業によって、

①死守すべき最重要な根幹先

②今後シェアアップしていくべき先

を明確化していく。その上で、全取引先について個社ごとに与信管理上の問題がないか

信用（与信）格付けのチェックをし、情報が不足しているような取引先に関しては問いかけと傾聴によって情報量を増やして、A（積極先）、B（現状維持先）、C（消極先）、D

（撤退先）の4ランク程度に分類して取引方針を決める。

なお、作業負担が大きいので、「半期ごとにスケジュール化してボリューム順に○社ずつ決めていく」というように段階的に実施していく方法がいいだろう。

取引先ごとに攻めと守りの基本方針を明確にしておけば、例えば、Aランク先から融資の相談があれば速やかに結論を出して手続きに入れるし、Cランク先からの相談があれば、慎重な判断を要するから「ちょっとお時間をいただきたい」と先手を打てるなど、支店における日常的な営業活動がしやすくなる。

もちろん、Cランク先やDランク先からの申し出や相談だからといって、深く聴こうともせず担当者段階で「ちょっと厳しいです」などと軽く断るようなことをしてはならない。むしろ、そうした先からの案件に対してこそ適切に問いかけ傾聴し、「何とかできないか」と真剣に向き合うよう指示しておく。

(2) 重点ターゲット先の選定とアプローチ

個社別取引方針を決め、日常業務はこの方針に沿って行うが、当然ながら、単に発生した案件をこの方針に沿ってこなしているだけでは業績目標を達成し表彰を獲得することはできない。

目標達成のためには、各期の初めに、各担当者に個社別取引方針に基づいて「重点ターゲット」先を選び出すよう指示し、個社別に、「背伸びすれば実現可能性のあるシェアアップ目標数値（シェア、金額）」を割り振って設定し、担当者・課長・係長を中心にして支店一丸となってシェアアップに取り組んでいく。

重点ターゲット先は、次のような観点から「仮説」を描き、金融機関に対する「ニーズ」がありそうな先を選ぶ。

①主力先・準主力先→情報量が多く攻め口が発見しやすい
②短期資金のみの付合い先→中長期資金ニーズがある可能性が高い
③リース利用の多い先→系列リース会社と連携して営業工作しやすい
④成長中の先→設備投資等の資金ニーズだけでなくビジネスマッチングや海外進出など多様なニーズがある
⑤事業歴の長い先→今後の事業展開に関し経営相談ニーズがある可能性が高い
⑥経営者が高齢の先→後継者問題が攻め口になりやすい
⑦取引金融機関が多い先→借入に関する資金繰り事務負担を軽減したいニーズがある可能性が高い
⑧従業員数が多い先→職域取引のニーズがある可能性が高い

具体的な目標数値の設定にあたっては、支店長、課長や係長も加わって担当者とともにより具体的に詰める。例えば肩代わりであれば、肩代わり先の金融機関を明確化し、提案する金額とレート水準をある程度決めておく。職域を攻める場合はローンの優遇条件なども決めておく。

ターゲット社数は、担当者のスキルや負担や競合他金融機関の強弱によって変わるが、あまり「欲張らない」ことが大切だ。せいぜい担当者一人当たり各期3～5社程度が限度だろう。これを毎期繰り返していく。

なお、こうした重点ターゲット先設定を、支店単位でまちまちに行うのではなく、営業戦略の一つとして全社的に統一基準を策定して取り組むケースもある。各支店から5～10社程度ターゲットとなる重点先を抽出させ、各社ごとに具体的な推進項目と数値目標を設定し、実績が出れば表彰する、といったもので、本部所管部門も協力しながら全社（全支店）が競いながら営業攻勢をかけていく。頭取・社長・理事長など経営トップや役員を総動員して営業工作していくという取組みだ。

リース会社等ノンバンクやコンサルティング会社など系列の関連会社も巻き込んで、できるだけ重畳的な営業工作を仕掛け繰り返していくこともいいだろう。全社の営業活動を盛り上げていく手法の一つとして参考になる。

(3) 提案型営業

重点ターゲット先に対しては、反復工作と提案型営業が欠かせない。

とにかく、心の底から取引先に興味を持ち、誠実に取引先と向き合い、より深く理解するために適切に問いかけ、その声に耳を傾け、繰り返し訪問し、訪問の度に情報量を着実に積み上げていく。支店長訪問と担当者訪問をうまく組み合わせ反復工作して熱意を示す。ターゲットとするような優良先は、現在付き合っている金融機関との取引ですでに十分満足しているケースが大半で、金融機関どうしの取引バランスを崩すようなことをして波風を立てたくない、という思いが強い。しかし、反復工作でしかこちらの「思い」を伝える方法はない。

訪問を繰り返し情報量が多くなってくれば、「こんなニーズがありそうだ」という仮説も次第に立てやすくなってくるので、次のような、できるだけ具体的な提案営業を展開していく。

①他金融機関の肩代わり条件を提示し検討してもらう、設備投資ニーズがあれば詳細内容を速やかにヒアリングして積極的に提案する

②経常的に他金融機関で実行されている賞与資金等の季節資金があれば、次回のために相当前広に経営者や経理担当役員に提案しておく

③各金融機関に分散して何本もの短期借入があるような取引先に対しては、これらを一本化して中長期資金として安定調達するよう提案する（取引先が必要としているのは仕入資金を安定的な中長期資金で調達することである。しかし、多くの金融機関は短期資金

を折り返しながら資金供給しており、この結果取引先の資金繰りが常にギリギリになっていることが多い）

④経営者や従業員やその家族への住宅ローンや自動車ローンなど、職域のニーズに応えて親密化を図っていく

⑤後継者への円滑な株式譲渡や相続対策のような課題には、税理士等と組んで提案する

⑥後継者はいないが事業継続したいようなケースでは、M&Aの仲介機能を提供する

⑦商売斡旋の相談があればビジネスマッチングで積極的に対応する

⑧財務や経理の人材を求めていれば、金融機関からの派遣を提案する

⑨長期経営計画策定に関しサポートを求めていればコンサルティング機能を提供する

⑩海外進出を計画しているようなら現地情報等を提供しサポートする

いつの時代も、反復工作（汗）と提案型営業（知恵）は、営業拡大の要諦である。

●仕入資金を中長期資金で供給する

金融機関が取引先に供給する運転資金は「仕入（元入）」資金が基本である。すなわち、商取引は一般的に売上「現金」回収より仕入「現金」支払いが先行するため（収支ズレ）、先行する仕入資金を融資して収支ズレを補充し、儲け（売上総利益）が現預金として取引

先の手元に残るような資金繰りを実現することである。

収益の源泉である売上総利益が手元に残れば、すべての経費は手元資金で賄うことができ、通常、金融機関が融資している儲けから支払うべき賞与資金や納税資金も借りなくて済むようになる。こうした資金繰りを実現するためには、「収支ズレ」相当の額を、経常利益の中から返済していくような「中長期」の運転資金を融資するようにし、取引先の資金繰りにゆとりを持ってもらうよう提案していくことが欠かせない。

金融機関が取引先に供給している運転資金は「短期」が多く、この結果、取引先は常に資金繰りに追われてしまう傾向にあるので、こうした状況を改善していくためには、取引先の基本となっているキャッシュフローを把握し、最も適切な中長期の返済期間を設定して資金繰りを安定化していくことが大切である。

3 新規開拓作戦

(1) 新規開拓の重要性

新規開拓ほど難しいものはない。

既存先のシェアアップも一筋縄ではいかないが、既存先は経営者に会おうと思えば比較的容易にそれが実現できるし、提案があればテーブルについてくれて一応話を聴いてもらえる。要するにドアノック（きっかけづくり）の負担が少ない。

しかし、新規開拓は、ドアノックから始めなければならず、その負担の大きさは既存先シェアアップの比ではない。新しい資金需要が少ない経済状況下にあっての新規開拓は並大抵の努力では結果に結びつかないし、そもそも新規開拓のターゲットは優良先が基本となるから、仮に資金需要があったとしても、すでに既存取引金融機関で十分に満たされている場合が多い。しかも、金利や担保条件などで他の金融機関と大きく異なるような格別の提案ができるわけでもない。つまり、ニーズのないところに同じ商品を持って営業に行くのだから、極めて難易度は高く、投下するエネルギーに対して成果が出にくく営業効率が悪い。

だからといって企業の栄枯盛衰を考えれば、取引先の新陳代謝をしておかないと、支店の商圏が縮小していくことは間違いない。既存先だけで生きていこうとすれば、資産が減少していくことは目に見えており、新規開拓を怠れば、長い目で見ると、支店の営業基盤は縮小均衡に陥る可能性が高くなる。

だから、支店長は、どんなにつらくても、新規開拓を怠ってはいけない。

取り組んでいれば、次のように、難攻不落で新規取引など不可能と思っていた取引先との取引ができるようなチャンスは不思議とあるものだ。

①既存の取引金融機関が、長期間にわたる安定した取引関係に安住して新しい提案を怠っていたり、訪問頻度が極端に落ちていたりして、取引先が漠然とした不満を持っているようなケース。これはけっこう多い。例えば、いつも目立つところにかけていたカレンダーが他金融機関のものに変わっているようなケース（自分の支店でもそのような先がないかチェックしておく）

②海外進出したいという強いニーズが発生したような場合、海外拠点網が充実し海外に関する情報量も多いメガバンクが新規工作すれば、比較的短期間で順調に取引開始に結びつくようなケース

③従業員の住宅ローンなど個人取引の対応に「小回りのきく」金融機関取引を望んでいた企業へ、個人取引に強みを持つ地域密着型の金融機関が従業員向けの職域ローンプログラムを提案してヒットするケース

④ちょうど新しい資金需要が発生して新規取引金融機関を探していたケース

⑤既存取引金融機関と何らかのトラブル（支店長の取引方針が急変し不仲になったなど）が発生し、新しい取引金融機関を探しているケース

⑥拠点を新設した企業が、地元の金融機関と取引開始したいケース

支店経営において、比較的短期的視点に立って業績を上げようとすれば、既存取引先に対して猛烈なシェアアップ攻勢をかけることで、ある程度その目的を果たすこともできよう。1期や2期はそれで何とかやっていける場合もある。いくらエネルギーを投下し優秀な人材を配しても、月に1件獲得できるかどうか、という新規活動は一切止めにして、その人材、エネルギーを既存先へ投入すれば相応の効果は出てくる。

しかしこれでは、長期的に見て、商圏を維持し支店の取引基盤を着実に拡大していくことはできない。既存取引先に大きく依存する営業は、短期的合理性はあるものの、次の支店長にバトンを渡す時には、既存取引先案件の刈り取りはすっかり済んで1〜2年間は「ぺんぺん草も生えない」状態になってしまっている可能性もあるし、取引先のほうもう

んざりしていることが多い。

その上新規活動を怠ってきているのだから次への前進もしにくくなっている。種まきしていないのだから、長い目で見て、支店の基盤や体力を消耗させることになりかねない。支店長の考え方次第、というところもあるが、つらくても新規活動は継続的に取り組んでいくべき経営課題である。

(2) ターゲットの選定

新規工作を行う場合のポイントは、毎期初にターゲットを明確化することである。社内のデータベースや外部調査機関の評点等に基づき工作対象先を抽出し、事前に「与信リスク」を１社１社吟味し、取り組むかどうかを決める。

ターゲット先は、まずは次のような方法で広く抽出する。

①できるだけ「与信リスク」が少ない先を選ぶことが第一だから、例えば、外部調査機関のデータベースや個社別「調書」を活用し「評点○点以上」を基準にして抽出する
②地元の寄り合いなどで顔見知りの地元名士が経営する企業や、親密な既存取引先から主な仕入先や売上先、提携先を紹介してもらう
③親密な税理士や会計事務所から顧問先を紹介してもらう
④系列のリース会社等関連会社の取引先をチェックし、自店に取引がないようであれば紹

介してもらう

⑤預金取引があるのに融資取引のない先をデータベースから抽出する

⑥過去に取引があったが何らかの事情で現状取引が切れている先。取引が切れることになった理由によっては（ある時期の支店長と合わなかったなど）取引復活するケースもあるので、対象として適切かどうか必ずチェックする

⑦外部調査機関の「評点」の高い先だけに注目してしまうと、創業間もない企業は評点が低いので対象先に入ってこない。しかし、ITベンチャー、シニア市場向けに特化したアイデア商品開発、再生医療など最先端企業、高スキル人材が起業した事業、大規模農畜産業、太陽光発電など省エネ関連事業、水資源事業、半官半民の事業会社、介護関係、NPOなど、「評点」が低くても将来性の高い企業もあるので、興味深く面白そうな先があれば対象にする

⑧官公庁やその外郭団体も資金需要は多いので対象にする

⑨既存取引先であっても、例えば長期間にわたって下位付合い程度の関係しかないような取引先を新規担当者に担当させ深掘りさせて活性化するよう取り組む

このような方法でターゲット先を抽出したら、さらに次のような観点から実際に工作していく先を絞り込んでいく。

①情報量が多い（例えば、外部調査機関に財務数値等を開示している企業やかつて取引があったような先は安心感がある）、創業時期（古いほど安心）、金融機関取引状況（売上高や資産規模等に対して取引金融機関数が多すぎるようなら開拓難度は高い）、株主構成（中小企業の場合には経営者と筆頭株主は一致しているが、外部資本が入っている場合はそこからアプローチできる可能性もあり接点が広がる）、同業者順位（高いほどよい）、などをチェックしながら絞り込み作業をする

②成長性のある産業分野であるかどうか、テリトリー内に多数の同業者が集積しているか、という観点で絞り込んでみる。成長性は言うまでもないが、同業者の多さも対象として魅力的である。同業者が集積しているようなら、それだけその業種が他の地域より強く事業基盤が強固である可能性が高い。また、自店の取引先構成で特に強みのある業種があるのなら、それと同業あるいは類似した業種に絞る。同業者の情報量が豊富になると、リスク判断のノウハウが蓄積して適性化する傾向が強まり、その結果、取引先からの信頼が増すケースが多い。もちろん、リスクポートフォリオという観点からすると、業種は分散させておいたほうがよい、という考え方も成り立つが、それは全社的観点で考えるべきテーマであって、個別の支店を経営する上では、同業者が多いことは強みとなるケースのほうが多い

新規開拓は、非常にうまくいっても、1人1月1件実績が出れば上々なので、ターゲットが多ければ多いほどよいというわけではない。半期1人当たり20～30社程度に絞り込むのが妥当である。したがって、期が変わったら、前期のターゲットの仕上がり状況をチェックし、継続して工作していくべき先と、工作を断念する先を明確化し、洗い替えをして新しい先を適切に追加して開拓活動していくことになる。

(3) 反復工作とニーズの発掘

新規開拓活動の基本はともかく「汗をかくこと」である。開拓が成功するにはどんなにうまくいったとしても、少なくとも半年、1年という長い期間が必要となるので、担当者には、中長期の提案や工作のシナリオを描き展望を持って取り組んでいくようアドバイスする。もちろん、シナリオを考える場合には、支店長も参加して詰めていく。

狙った企業との接触を地道に積み重ねていくことが将来の成果につながっていくので、担当者にとっては実につらい活動だが、見込みが薄くても、めげずに反復工作してもらう。先方からすれば、忙しいのに、来てもらいたくないのに、もう金融機関取引は十分充足しているからこれ以上不要だ、ということだろうが、それに負けずに反復工作していけば、必ずきっかけが出てくるものだ。

既存取引先経営者からの紹介など人脈の活用はもとより、担当課長や係長、支店長も担当者と連携して反復訪問し、適切な問いかけや「仮説」（この企業にはこうしたニーズがあるはずだ、という仮説）に基づいた提案を繰り返す。

ちょっとしたヒントや情報も逃さず、貪欲にニーズを探っていき、ある面では「御用聞き」になったくらいの気持ちで取り組んでいくよう、担当者を指導していく。成果が上がらない場合は、担当者に「頑張れ！」と叱咤激励するだけでは不十分。必ず、支店長も課長も係長も、担当者とともに苦しみながら次の作戦を考え、行動し、これを繰り返していく。担当者を決して孤独にさせてはいけない。

そうした繰り返しで、次第に経理部門など、先方の窓口担当者と親しくなり、次のようなきっかけを見つけて真のニーズに迫っていくのである（具体的な提案内容は既存取引先のシェアアップ作戦の項を参照）。

①既存取引金融機関への不平・不満
②新しい資金ニーズ、余裕資金の運用ニーズ
③既存取引金融機関では対応しきれない海外進出などの新しいニーズ
④経理事務の合理化ニーズ（手形発行、資金決済等に関する合理化ニーズがある場合、システム商品提案が役立つケースがある）
⑤職域個人ローンなどのニーズ
⑥人材派遣ニーズ

⑦事業承継関連ニーズ（後継者難、節税対策等）
⑧ビジネスマッチング、商売斡旋ニーズ、不動産ニーズ
⑨調査・情報ニーズ（○○を調べてくれ、といったニーズ）
⑩コンサルティングニーズ（長期経営計画策定に関するアドバイスを必要とするようなケース）

この繰り返し活動は担当者も担当課長も係長も苦しいのだが、本当に苦しいのは支店長である。毎月の数値目標が高いとどうしても既存先で稼ごうと考え、「この新規工作隊の○人を既存先へ振り向けたい」との思いが強くなるためだ。しかし、この気持ちに打ち勝たなくてはならない。

自分の在任期間のことだけを考えるのではなく、中長期的な視点に立って支店の成長と繁栄を願う気持ちが不可欠である。その意味で、新規工作への取組姿勢ほど支店長の本質的な資質を明らかにするものはないかもしれない。

なお、参考までにトップ営業マンが持つ共通するスキルを並べてみる。いずれも、金融機関における新規開拓に必要なスキルと共通している。

①行動力（粘り強さ）：難度が高くてもまめに繰り返し訪問し提案し、決してめげな

い、諦めない
②明朗性：相手から見て、話していると愉快になるような明るくおおらかな人柄
③知識力：売る商品の知識、業界動向、競合他社の状況等を高いレベルで熟知している
④観察力：相手の表情から感情の動きを知り、何を求めているのか推測する力がある
⑤質問力（問いかけ力）：疑問があればためらわず、臆せず適切に問いかけ反応を探る
⑥想像力：相手が何を考えているか「仮説」を立てる力がある
⑦共感性（傾聴力）：感情移入し相手の立場に立って考えることができる
⑧記録力：まめにメモし課題を整理し、段階を踏んで煮詰めていく力がある
⑨提案力（コンサルティング力）：以上を駆使して相手にメリットのあるような提案を繰り返す力がある

●連携（提携）の重要性について

新規開拓の手法として、他金融機関、ノンバンク、士業（弁護士、会計士、税理士等）、地元大学、信用保証協会、ネット業者、官公庁、自治体、外郭団体、町会との連携（提

携）を模索することも重要である。

すでに多くの金融機関で取り組んでいることではあるが、こうした連携は新規開拓に役立つ場合が多く、事業基盤の強化を図る上でも重要な戦術の一つである。

現実を見ると、提携当初は大きな夢や目的を掲げ、高い目標に向かって進んでいくのだが、そのうちすぐにしぼんでしまうケースが多い。その理由は、提携分野そのものが双方にとってメインとなるドメインではなく「フロンティア」に属する分野であるため、①質、量ともに人材を投入しづらい、②素早い成果（収益）が表れにくい、という傾向が強いためである。

しかし、ごく一部の金融機関を除けば、取引先の多様で複雑なニーズに対し、海外展開を含め単独で何から何まで手を広げて自前で対応していくことはできず、中長期的に見て、「連携」の重要性はますます増してくるだろう。

金融機関経営者は、「連携」を、5～10年といった長いスパンで評価すべき課題として捉え、専任者を置いて腰を据えた取組みをしていくことを検討すべきと考える。

4 個人取引の推進

(1) 個人取引の重要性

預金で調達して融資で運用する。これが金融機関の基本的な機能であるが、その「預金」の中核にあるのが個人預金である。景気の循環や業績の良し悪しなどでその残高が大きく変動する法人預金と比較すると、個人預金は、様々なライフステージにある多数の個人の集合体で形成されるので、最も安定した預金（調達）となる。

できるだけ多くの個人のお客様に支持されて口座を開設していただき、そこに給与や年金が入金され公共料金などの自動引き落としをセットしてもらい、個人預金の「メイン口座」として利用していただく。これが個人取引の原点だ。

この基本となる口座を開設していただければ、その後は、そのお客様のライフステージごとに必要となる、教育資金、医療や自動車、住宅購入資金など様々な資金需要に対応できるチャンスが生まれるし、資金需要が一段落すれば退職金や相続財産の入金などの機会もあり、ライフステージを通じて収益機会は多い。したがって、どの金融機関も様々な戦術を駆使して、支店の窓口はもとより、取引先の職域を工作して「メイン口座」の獲得に傾注しており、その競争は激しい。平成26年1月から導入されるＮＩＳＡ（少額投資非課税制度）口座の獲得も、個人取引メイン化のメルクマールとなろう。

支店長は、新規口座開設件数をチェックし（特に対前年同月比）、給料や年金の振込件数や公共料金の口座振替件数、クレジット獲得件数、「メイン口座」件数等の推移を把握し、個人取引が順調に積み上がっているかチェックしておくことが大切である。

仮に、前年同月比で伸びが鈍化していたりマイナスになっているような項目がある場合には、近隣他金融機関がＡＴＭコーナーを強化したり、魅力的な金利でＷＥＢ対応力を強化したり、店舗改装をして店頭ＣＳに力を入れて人気が思った以上に高くなっているようなこともあるので、速やかにその要因を分析して必要な対策を打たなければならない。

なお、ここ10年以上の間、金融機関は融資残高が伸び悩む一方で、預金残高は増え続けて運用難に直面しているため、かつてほど「個人預金」獲得に奔走していないような側面も垣間見える。また、手数料収入を得るため、定期預金が積み上がると証券や生保商品へのシフトを促すようなセールスが多くなっている。しかし、こうした現実は、一時的な収益に目が向き過ぎているからではないのか、長い目で見た場合、それが真に個人取引先（お客様）のためになっているのかどうか、金融機関の健全な発展に役立っているのかどうか、冷静に考えておく必要があろう。

いつの時代でも、安定した個人取引の重要性は変わることはない。

⑵富裕層取引

個人取引は、データに基づいた戦略や戦術の立案（データベースマーケティング）がしやすい。重点的に訪問工作しフォローしておくべき取引先を明確化し、営業効率を上げながら成果を求めていく必要がある。

具体的には、①預金残高が○百万円以上の個人、②現在の残高は少なくても、取引先オーナー経営者、医師、弁護士等高額所得者、高額納税者、③アパートローン利用者などを「富裕層」と定義し、担当者が定期的に取引先を訪問し残高を積み上げたり、多様なニーズに対応していく。

「富裕層」と一口に言っても、そのプロフィールやニーズは一人ひとり全く異なるから、訪問して問いかけ、ニーズに耳を傾け、それぞれに合った提案をしていく必要がある。一般的に、金融資産の多い富裕層は、同額以上の不動産などを有している場合も多く、また、人脈も豊富なケースが多いので、預金や資金運用の相談に限らず、相続対策やローンの相談、知人の紹介など、商機の裾野は広がっていく。

本部所管部門が「富裕層」の定義をしている場合が多いと思うが、それぞれの支店のテリトリーには固有の「富裕層」もあるので、支店長は、担当課長や担当者と十分議論し、支店独自の「仮説」を立ててターゲットを選び、工作していくようにしたい。思わぬ材料に出会うこともある。

なお、営業効率上、訪問工作はできないが定期的な勧誘などはしておきたい、というような取引先に関しては、本部所管部門と連携してデータベースから抽出してもらい、適切な勧誘パンフレットなどを入れたＤＭ（ダイレクトメール）を送付するような手法を活用するとよい。

(3)ローンの推進

個人は、教育、医療、自動車、住宅など、そのライフステージに応じて様々な資金ニーズが発生する。また、日常的な決済をクレジットカードで済ます個人も多くなっているから、これらのニーズに積極的に応えていくことは金融機関が果たすべき重要な役割の１つだ。

しかし、現実を見ると、金融機関が対応しているのは、主としてクレジットカード、無担保カードローンと住宅ローンだけで、それ以外は信販会社などノンバンクが主役となっている。もちろん、系列関連会社に有力なノンバンクなどがある場合には、役割分担で棲み分けができているだろうからそれでよいのだが、そのような系列ノンバンクがない金融機関の場合には、特に、教育や医療、自動車といった資金使途が明確な比較的多額で健全な資金ニーズに対しては、その取組みをより積極的に強化していく必要性が高い。

この場合、本部所管部門が基本戦略や戦術を練って具体化し、審査の迅速化やＷＥＢ対応力強化、手続きの簡素化を含め、計画的に全社体制で強力に推進していかなければ大きな成果を得ることはできない。

しかし、仮に全社推進体制ができていないような場合でも、支店長は、支店メンバーをリードしながらできる範囲の推進をしていかなければならない。

その際のポイントは三位一体作戦だ。すなわち、①チャネル開拓（教育であれば大学、医療であれば病院、自動車であれば自動車販売店（ただし新車ディーラーは系列ノンバンクが押さえているのでチャンスは少ない）を開拓してニーズの発生現場から情報を得る）、②親密取引先職域開拓、③店頭窓口勧誘――これら３つを有機的に連携させて推進していく店内体制を作り上げることである。

肩代わりを含めて個人ローンのニーズは根強く、またその件数も多いので、しっかり取り組んでいきたい。

第5章
CS向上に取り組む

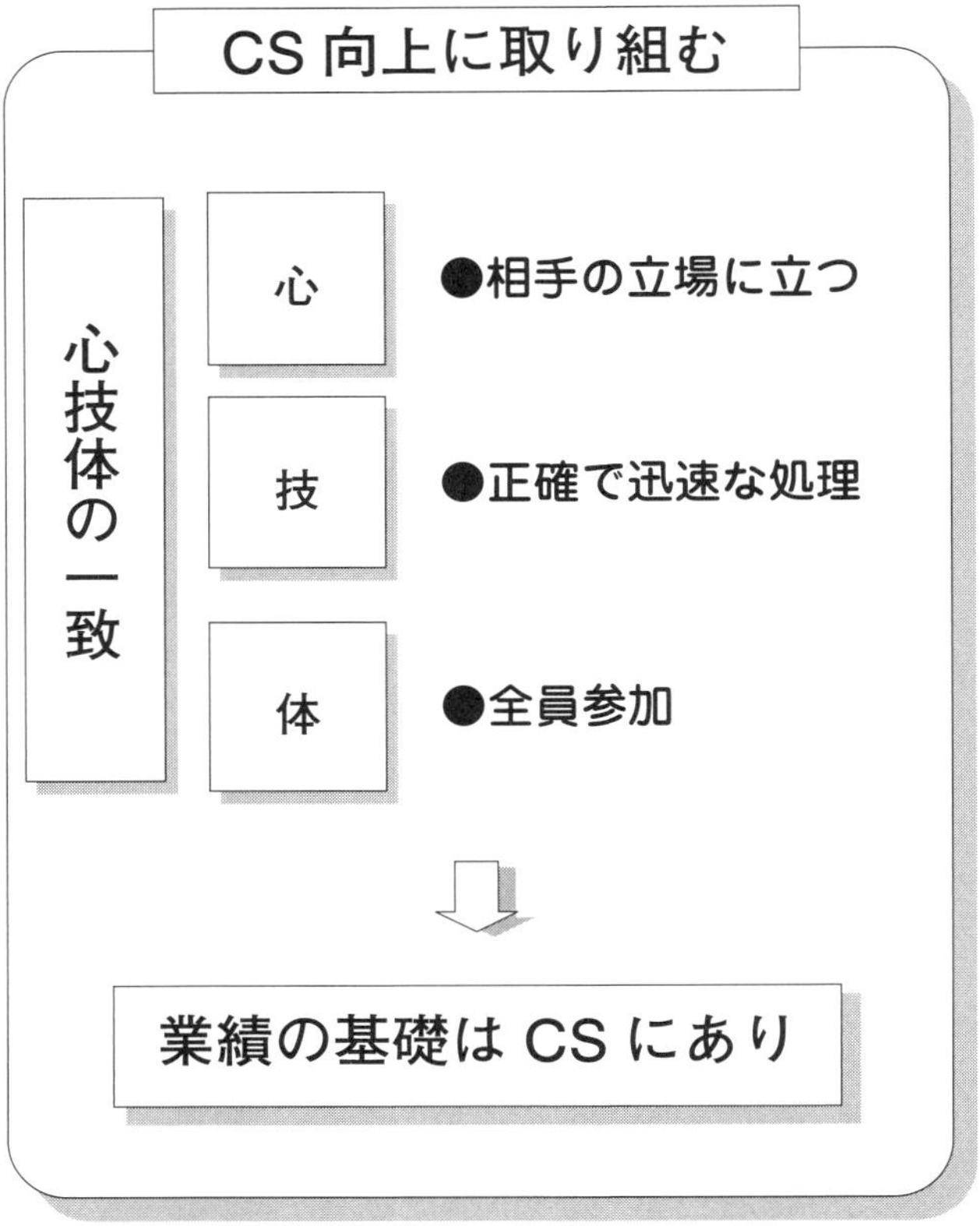
CS 向上に取り組む
心技体の一致
心
●相手の立場に立つ
技
●正確で迅速な処理
体
●全員参加
業績の基礎は CS にあり

1　ＣＳは心・技・体の一致

「いらっしゃいませ」
「お待たせいたしました」
「ありがとうございました」

いつも心のこもった挨拶を聞くと気分がよくなる。

しかし、繁忙日（月初、五・十日（ごとうび）、月末）は来客が多くなり、待ち時間が極端に増えて、お客様もイライラしやすくなる。対応する部下たちも忙しいから気が急いてＣＳ（Customer Satisfaction：顧客満足度）への気配りが希薄になり、さらにミスも犯しやすくなる。

番号札システムが導入されて以降、処理する順番を間違えることはなくなったし、部下もある程度自分のペースで業務処理ができるためミスやいら立ちは少なくなったが、逆に比較的すいている日も待ち時間が長くなる傾向がある。お客様からすると、どうものんびりやっているように見えてしまうのだ。

法人取引先は、繁忙日を中心に頻度高く来店するが、それでも個人預金者を含め、最近ではあまり窓口には来ず、ＡＴＭコーナーやＰＣ（ネットバンキング）で済ませてしまうことが多い。そのため、店頭だけでなくＡＴＭコーナーやＰＣへの気配りも欠かせない。

ＰＣは本部所管部門が専管しているが、ＡＴＭは支店に設置されているから、繁忙日なのに不稼働のＡＴＭがある、コーナーの清掃が不十分、といったことがあれば、支店長として見過ごすわけにはいかない。多くの金融機関はＡＴＭコーナーの管理を外部委託しているので、気配り不足になっているかもしれないので注意したい。

また、渉外担当や融資担当が、優良取引先にはとびきり慇懃（商売だからそれはそれでよいのだが）な一方で、業績不調な先や零細企業などに対してはあまり耳を傾けようとしないようであれば、ＣＳの観点からすると改善を要する。

ＣＳは、店頭（窓口）だけの話ではなく、支店全員が、支店長を含め、その職務、ポストごとに等しく取り組んでいかなければならないテーマである。

そして、「お客様満足度」（ＣＳ）を向上させていくために最も大切なことは、「心・技・体」の一致である。

⑴ 心

まずもって最も大切なことは、「心」である。

例えば、お客様が料金振込のためある金融機関の窓口に行ったとする。

ロビーへ入るなり、

「いらっしゃいませ」

窓口に向かうと、先客は誰もいないのに、

「番号札をお取り下さい」

番号札を取って少し待っているとピンポーンと番号が呼び出され、窓口に行くと、

「いらっしゃいませ、お振り込みでございますか」

「はい、お願いします」と言って、すでに記入済みの振込用紙と現金を渡し、他にお客もいないからすぐに終わると思って待っていたら、何と10分も待たされ、

「○番の番号札をお持ちのお客様」

と呼ばれ、いらいらして窓口に領収証を取りに行くと、

「お待たせいたしました。ありがとうございました」。

顔を見れば、「お待たせして申しわけなかった」という表情は全くない。ただ「口」だけが機械的にマニュアルに決められた言葉をしゃべっている。そう見えてしまう。

もし、このような扱いを受けたらどうだろう。もちろん、一応、基本接遇の挨拶はできているのだから、一言の挨拶もなく済まされるよりましではある。しかし、言葉に「心」がこもっていなければ空疎であり、相手に響かない。共感性が得られない。これでは、行

列があっても愛想がよくて面前で処理を手際よくやってくれるコンビニのほうがサービスはよく見えるに違いない。

お客様は実によく見ているし観察している。

ＣＳ向上の原点は、何と言っても、「自分がお客様の立場だったらどう思うだろうか」「どのような接遇を望むだろうか」「どうしてほしいだろうか」と、相手の立場に立った対応を心がけることである。相手の立場に立って、「どういった対応が望ましいだろうか、それを表すにはどのような言葉や態度が適切だろうか」いつもそのように考えながら対応する。

すると「心」が入ってくる。もちろん、相手の立場に立つからといって、金融機関として順守すべき法令や規定や当局指導等に反してはいけないし、与信判断とて甘くする必要は全くなく、実質的なリスクを見極めて判断するという定めに沿って行えばよい。

大切なことは、お客様や取引先の立場に立って「同じ目線」でものを感じ、考え、対応するよう心がけることである。

(2) 技

いかに「いらっしゃいませ」と感じのよい心のこもった応対をされても、処理が粗雑でミスがあったり、長時間待たされたり、約束していた期日に事務が完了していないなど、

「技」が伴っていなければ、何にもならない。取引先（お客様）も、間違いが多いと信用できなくなり、次第にその支店を使わなくなる。

「技」の基本は「正確・迅速・約束を守る」ことにあるが、これを前提として、CSに取り組む上でのより具体的な「技」のポイントを考えてみたい。

①商品知識の正確な習得

取扱商品に関する知識が不十分だと処理に手間取るし、間違いのもととなる。分からないとすぐに隣の担当者に聴いたり役席者に聴きに行ったり自信なさそうに動いていれば、お客様は「大丈夫だろうか」と不安になる。

相談窓口（ローカウンター）や預金・為替窓口（ハイカウンター）は、新しい商品が出たり、商品の取扱条件が変更になったような場合には、いち早く勉強会を実施し正確に理解しておかなければならない。

渉外担当や融資担当も、外訪先であやふやな商品説明をするようでは取引先に迷惑をかけるばかりでなく、「あそこはろくに商品も勉強しないで客先へ来る」などと思われ信用を失いかねず、その結果、他の金融機関に取引が移されてしまうこともあり得る。

特に最近では、取扱商品が多様化し、金融機関固有の伝統的な商品（普通預金、定期預金、積立預金、為替、融資、ローン…）だけでなく、取扱条件が目まぐるしく変化する元本割れリスクのある投信やリート、生命保険商品といった取次金融商品を扱うケースも多くなってきているので、定期的に本部所管部門の担当者を呼んで勉強会を開くなどして正確な商品知識の習得をしていくことが大切だ。

②正確で迅速な事務処理手順の習得

一つの事務処理を正確かつより効率的（迅速）に完結するには、事前の段取りが大切である。筆記具や印鑑、帳票等事務用品の置き場所、自己完結する（ダブルチェックのない）業務処理の場合のミス防止チェックポイントの事前習得、上司や他の検印を必要とする場合のフローの確定と事前習得、などである。

自店が特殊なレイアウト（例えば立体店舗、ロビーが矩形でなく狭いなど）になっているようなら、それを勘案しながら必要な工夫もして定められたマニュアルに沿って手際よく伝票やデータが処理完結するよう「手順」（流れ）を十分に習得しておく。また、時間のかかりそうな複雑な事務を優先処理すると、短時間で済みそうな事務に滞留が生じて非効率を生むこともあるので、こうした場合の優先順位付けをどうするのか、といった点も事前に決めておくようにする。

渉外担当や融資担当も、契約書のとり間違いや、印鑑の押し漏れといった初歩的ミスを「ゼロ」としなければならないし、取引先からいただいた書類をしまいこんで処理を失念してしまう、というようなことが起きぬよう、基本を習得したり保管ルールを明確化しておかなければならない。

③効率的な担当者間の連携の習得

他の担当者や役席者との連携が必要な業務処理に関しては、連携先への帳票の渡し方（どのトレーに入れるか）、速やかに処理されるルール（その場所に帳票が来たら優先処理する）、終了後の戻り方（処理が終わったらどの場所に戻すか）、戻った後の処理ルール（戻ったことがすぐに分かる仕組み）などをあらかじめ決めておくことが大切である。

また、「預金・為替窓口（ハイカウンター）で残高○円以上のお客様に該当した場合には、処理後ローカウンター（あるいは渉外担当）へ誘導してほしい」などの連携もある。

こうした連携に関するルールも店内であらかじめ明確にしておきたい。

④店内連携や情報伝達ルールの習得

取引先経理担当者から渉外係や融資係へ伝言があったり、書類を渡してくれと頼まれたりと、窓口には様々な依頼や伝言等がしょっちゅうある。逆に、渉外係や融資係から「A社が来店されたらこの書類を渡してほしい」「連絡事項があるので○○係の誰まで連絡をくれ」というようなこともある。

こうした場合のために、特定の伝言メモや受渡し専用トレーを用意しておくなど、それを失念しない仕組み（ルール）をつくっておく。

また、来店したお客様や取引先から耳にしたちょっとした情報の中には、渉外担当や融資担当等の耳に入れておいたほうがよさそうな重要情報もあるので、そうした情報を該当する部門や担当者に漏れなく流すようなルールもつくっておく。

以上のような観点から、漏れもなく隙もない充実した「技」を磨いておき、状況に応じてそれを弾力的に改善していくことも大切である。

「段取り八分」（準備をしっかりしておけば仕事は八割できたも同じ）と言うように、ＣＳの「技」を磨くには、このような事前の準備が極めて重要だ。

支店長も「俺は細かい事務のことは分からないから、課長や係長にお任せだ」ではなく、率先して関与しともに考えていくことが大切である。支店長もできるだけ細部に立ち入って、お客様の立場から見てどうか、チェックし、指摘すべきは指摘し、部下たちをリードしていく。

(3) 体

ＣＳを継続的に運営し持続的に向上させていくためには、支店内にそれを着実に推進していくしっかりとした推進体制を構築しておく必要がある。

そのポイントは次の５点だ。

① 全員参加

まずは、全員参加。ＣＳの取組みは、窓口係（テラー）だけが実践してもダメである。

確かに接遇の最前線は窓口だが、窓口を支える後方部隊は窓口と一体だ。後方部隊が窓口をサポートし、一体となって待ち時間を短縮し、事務処理をサポートする。「いらっしゃいませ」「ありがとうございました」も一緒に発声する。

また、「CSは店頭が取り組むテーマだ」と思い込んでいる支店長も多いが、一見、CSには直接関係なさそうに見える渉外担当や融資担当も、取引先で対応する事務処理（例えば契約書の取り交わし）が正確に迅速に行われるよう「技」を高めておくことはまさしくCSそのものだし、「取引先の声に誠実に耳を傾け、適切に問いかけてニーズを探る」「取引先からの難しい相談ごとに対しても、何とかできないかと真剣に考える」といった、取引先に対する基本姿勢を習慣にしていくこともCSそのものである。

このようにCSは、支店全体が一体となって取り組んでいくテーマである。

②店頭（窓口）応援体制

平常日とピーク日（月初、五、十日、月末等）とは来店客数も大きく異なり、連れて事務処理量も大きく変化する。しかし、支店には、ピーク日に合わせた人数が配属されているわけではないから、ピーク日（時）の店頭（窓口）はどうしても人手不足になり、応援を入れなければお客様の待ち時間が延び事務が回らなくなることもある。

こうした事態はCS上好ましくないから、他の課や係から応援を投入する必要がある。

支店の立地や法人・個人の割合によって、平常日を1とした場合のピーク日のハネ率も大きく異なるので、まずは自店の、月別、日別（午前・午後）、主要取引種類別ハネ率を出す。その数値に基づいて、どの程度のハネ率なら自力（窓口担当課）で繰り回しできるか、それを超えた場合、ハネ率に応じてどの程度の応援人数をいつ（○日、○時〜○時等）投入する必要があるのか、必要なスキルはどのようなものか、など、窓口担当課長を中心にして各課の課長や係長が意見を出し合い調整しながら結論を出すよう導いていく。

店頭ピーク日は、他の課や係も忙しいので、店頭へと応援者を出す余裕は少ないが、ＣＳを支店全体の問題として捉え、支店内で意見を交わしながら結論を出していくようにする。こうしたプロセスで支店の一体感も生まれてくる。

支社と支店に機能が分かれている場合も、両者がよく話し合い、応援体制を組むようにする。

なお、他の課や係からの応援者には、応援する作業域に関連する実務処理能力が必要となるが、こうしたスキルは事前に計画的に育成しておかなければならない。

③電話はベル3回以内

平常日は取れる者が素早く取るようにし、ピーク日には体制を整え専任者を決めて鳴りっぱなしを防ぐ。

電子メールに関しても、「取引先から受信したメールへの返信は必ず○時間以内に行う」といったようなルールをつくって、「放置」したり握りつぶしてしまうことがないよう徹底しておきたい。

④成果のレベルを評価

金融機関によっては、本部担当セクションが抜き打ちで支店のCS状況を評価したり、各金融機関横断でCS調査をする外部機関に委託して定期的にチェックしているケースもある。

こうした、より客観的な調査が継続的に実施されるような制度がある場合には、それに委ね、その結果を見て改善に取り組んでいく。

こうした制度がない場合には、支店内で担当者を決め、例えば月に1回、あらかじめ決めておいたチェック項目（例えば、「いらっしゃいませ」の声は出ているか、待ち時間はどの程度か、ATMコーナーの清掃はどうか）を5段階評価する、といったような方法で定期的に成果のレベルを評価するよう取り組む。

この場合、できれば、近隣他金融機関支店の接遇状態も観察し（支店長同士で了解を得ておくとよい）、それと比較してどうか、というチェック項目も入れておく。

⑤継続させる

CSは終わりのない経営課題である。継続していかなければならない。

次のように様々な工夫をして、CS取組みがマンネリ化しないよう継続させていくことが大切である。

・朝礼で全員声を合わせて応対の基本となる挨拶（「いらっしゃいませ」「お待たせしました」「ありがとうございました」）を唱和する

・店内で月ごとに、「○月は『電話はベル3回以内で必ず取る』よう徹底する」「○月は『全員が交代で1時間ロビーに出て〃いらっしゃいませ〃とお客様を迎え入れる』」など、重点推進項目を決めて取り組む

・窓口担当者は、6ヵ月に1回は近隣他金融機関の支店に出向き接遇レベルを観察する

・6ヵ月に1回、支店内で全員参加のロールプレーイング大会を開く

⑥支店長自身が率先垂範

部下たちの目はいつも支店長に向けられている。良きにつけ悪しきにつけ実によく観察しているから、支店長自身が真剣に誠実に率先してＣＳに取り組んでいく必要がある。

例えば、口先ではＣＳの重要性を説きながら、支店長自身が先頭に立つべき「体」にかかわる①～⑤の具体的取り組みに関して全くの無関心ですべて部下任せ、というようではＣＳの「心」は入らない。

支店長は、率先してＣＳ向上に向け休むことなく取り組んでいかなければならない。

2 業績の基礎はＣＳにあり

支店長は、短い期間で業績を上げようと必死に取り組むから、どうしても預金残高や融資残高や手数料商売等目先の営業推進関連目標項目達成に目が行きがちで、ＣＳのように、営業推進に関する数値的な成果と直接関連付けて捉えることができにくく、かつ長期間にわたる地道な取組みに関しては、優先順位付けを低くしてしまう傾向が強い。

しかし、ＣＳに真剣に取り組むことは、部下たちの「心・技・体」を高度なレベルでバランスさせながらマネジメントすることにほかならないから、地味ではあるが、ＣＳに誠実に取り組んでいくと、着実に部下の実践的スキルが向上し、徐々に店内に一体感が醸し出され、お客様や取引先の評判も高まってきて、連動して業績も向上する。

すなわち、「ＣＳは業績の基礎」である——このことを忘れてはならない。

百貨店や大手スーパーはもとより、地元に根を張る様々な小売店や飲食店、コンビニエンスストア、通信販売など多くのお客様相手の商売を観察すればすぐに分かることだが、昔と比較すれば、接遇手法もスキルもそのレベルも、おしなべて明らかに向上してきているし、「心」も入り不断の努力をしていることが分かる。

そうした中で、金融機関の支店も相対比較されているわけだから、ひとときもＣＳを疎かにするわけにはいかず、その水準を継続的に向上させていく必要がある。

その支店における支店長職は束の間だが、支店は長期間にわたってその地に存続していく。その支店存続の基礎にＣＳがあるのだ。

第6章
リスク感度を磨く

リスク感度を磨く

基本となるリスク予防策

●正確
●迅速
●約束を守る

債権管理は予兆を察知

●不意打ちを食らうな

リスク発生時の対処策

●速やかな報告体制
●事実関係の正確な把握
●原則に沿って対応
●原因究明―なぜなぜ３回

1 基本となるリスク予防策

支店経営において直面するリスクは次の4つに分類される。

①法令違反リスク
②信用リスク
③事務リスク
④不祥事リスク

支店長は、こうした様々なリスクに対して、それを回避するための「予防」と、起きてしまった場合の「対処」について、より的確なマネジメントをしていかなければならない。営業力を磨き続けながら、他方でしたたかにリスク感度を磨き続けることにより、バランスのとれた支店経営が行えるようになる。

どんなにリスク発生を予防し回避努力を続けていても、リスクの大小・軽重は様々であるが、2~3年という支店長在任中には、必ず何らかのリスクに遭遇するものだ。

しかし、日々の業務処理や営業活動の実践の中で、リスクが発生しないよう細心の注意を払いながら周到に「予防」に取り組んでいけば、リスク発生を未然に防げる場合もあるし、最小にすることができる可能性は増してくる。したがって、まずは何よりも、細心の注意を払いながら「予防」に取り組んでいくことが最も重要である。

法令違反リスク、信用リスク、事務リスク、不祥事リスクなどすべてのリスクへの備えは、まずもって法令や内部規定や当局指導等を順守すること（コンプライアンス）が最も重要であるが、そのためには、支店長は、日々の業務処理や営業活動のすべてが「正確・迅速・約束を守る」をモットーに実践されるよう取り組み、できる限りリスクが現実に発生しないよう周到に予防措置をとっておく必要がある。

(1)正確

最も重要なことは、支店経営のすべてを、法令や内部規定、当局指導等を順守し、それらに則って「正確」に実践していく（コンプライアンス）ことである。これが基本中の基本である。

受信業務、与信業務、収納業務、為替業務、取次業務、その他様々な業務のすべてが法令や内部規定等に沿って「正確」になされていなければならない。

医療現場でのミスが命にかかわるように、特に、金融機関が引き起こすミス（不正確な業務処理等）や法令違反や規則違反などは、命の次に大切といわれるおカネにかかわる問題だから、たとえ金融機関側から見れば些細なことと思われるような場合でも、例えば次のように、お客様や取引先にとっては甚大な悪影響をもたらす場合もある。

①取引先から依頼を受けた振込処理の失念は、被振込先（取引先の仕入先等）の資金繰りに直接影響を与えることにもなる

②入金された現金より少額の入金記録をコンピュータに誤ってインプットすると、そのお客様はその差額分だけ引き出しができなくなる。仮にそのお客様がそれを遠隔地で払い戻して仕入代金に充てようとしていたのであれば、間違いがすぐに分かって金融機関の訂正が即刻できなければ、仕入れがご破算になることもあり得る

③本社の基幹システムに、オペレーションミスが原因でトラブルが発生し端末機やATMが一時的に稼働しなかったりすれば、多くの取引先に迷惑をかける。特にネットワークが世界中に張り巡らされ、24時間365日フル稼働体制で動いている基幹システムに障害が発生すれば、内外に計りしれない悪影響が発生する

④取引先情報の入ったファイルの紛失、取引先データの入った業務用スマートフォンの紛失、個人情報が記載された電子資料の紛失などが起きれば、場合によっては多くの取引先に損害を及ぼす可能性もあり、また大量データの紛失ともなればマスコミにも取り上げられ、風評リスクも重なって金融機関の信用は大きく傷つく

さすがに法令違反や規則違反などはそうそう頻繁に発生するものではないが、担当者が

融資関係書類を正しく揃えておかなかったり、印鑑を押す場所を正しく示さなかったために、本来なら一度で済む手続きが、何度も金融機関に足を運ぶことになって取引先に迷惑をかける、といった軽微なものを含めれば、ミス（不正確な業務処理等）事例は際限なく挙げることができるだろう

こうした金融機関におけるミスや法令違反や規則違反などは、取引先やお客様に多大な迷惑をかけるだけでなく、それに伴って金融機関が大きく信用を失うきっかけとなることが多い。一般的に、多くのお客様や取引先は、「金融機関は間違わないものだ」と信用し、「金融機関に勤務している」ということだけで一定のイメージ――まじめ、かたい、信用できそうだ――を持ってくれているから、それだけになお一層、ミスや規則違反などが発生した場合の失望は大きく、失う信用も大きくなる。

こうしたことから、支店長は、支店経営において「正確」性の徹底に関しては、日頃から最大の関心を払っておく必要がある。

老舗かつ満足度の高いことで全国的に名を馳せている某旅館の社長が、以前、「旅館経営において最も重視していることは何ですか？」と問われ、「それは正確さです。例えば、お客様ごとの献立が正しく用意され配膳を間違えない、決めごとがすべての従業員に徹底されそれが行動になっていく。すべてにおいて定めたルールに沿って正確に物事が進みお客様に安心していただく。くつろぎの原点は『正確』さです」と語っていて、筆者は大き

な感銘を受けた。

どのような業界業種でも、やはり「正確」さは、事業経営に最も重要な「信用・信頼」の前提となるものであり事業の根幹であるのだ。しかも、金融業においてはなお一層それが強く求められていると認識しておく必要がある。

細かいことの一つひとつがすべて正確である必要があり、そして、細部の正確さの積み重ねが信用の基本となり、金融業の根本を支えている。このことを支店長は肝に銘じておかなければならない。

「知らなかったこと」「誤って理解していたこと」「再チェック（再確認）を怠ったこと」が正確さを欠く主因だから、支店長は、定期的な勉強会、全員参加の朝礼の場などを活用し日頃から繰り返し実践の中で次の4点を部下たちに教育・指導していくことが欠かせない。

①取扱商品の正確な理解
②事務処理の正確な理解
③重要な諸規定（執務規範、行動規範等）の正確な理解
④再チェック（再確認）の励行

ところで、「正確」というものには一つ特徴がある。

それは、次のように、プロセスを合理化し効率化して標準化（マニュアル化）し、また、人材を育成すればするほど、「正確性が増してくる」という特徴だ。

①現金処理を機械化する
②複雑な処理をシステム化する
③ある手続きを完了するまでのプロセスを短縮する
④プロセスを組み替えて同種の業務を同時に行う
⑤要所要所に専用の処理箱を設けて整理整頓を徹底する（書類を捜す手間を省く）
⑥処理する日や時間を変えてみる（例えば、時間的余裕のある処理はピーク日を避けるなど事務を平準化する）
⑦勉強会を通じて部下一人ひとりの実践的能力を高めていく（手際がよくなる）
⑧部下にスキルを複数持つよう教育し応援体制を組みやすくする

これらのうち、③以降は各支店の創意工夫次第でいかようにもできることなので、各課、各係でこうした取組みをするよう支店長が指導すべきことである。うまくいけば、本部所管部門に報告し全店に好事例として紹介して横展開することもできる。また、新しいシステム開発につながり全社の効率化に寄与することもある。

「正確」を追求するためには、日々革新し合理化や効率化を追求し部下のスキルレベルを向上させそれを標準化していくことが極めて大切で、そのことがコスト低減にもつながっていくことをよく理解しておく必要がある。

神ならぬ身の人間が担っている以上、ミスゼロの実現は不可能だから、「正確」を追い求め限りなくミスゼロに近づけていく活動に「終わり」はない。

なお、支店長は「残業管理」にも留意しておきたい。当たり前のことだが、残業は、内部ルールに沿って各人毎日正確に記録し管理していかなければならない。

「残業」は、普段ではうかがい知ることのできない支店の様々な実態を表していることが多いから、支店長は、次のような観点から、必ず月に1回は全員の残業状況をチェックするようにしたい。

①特定人への残業の偏りはないか

2～3ヵ月以上の長期間にわたって特定の役席者や担当者に残業が集中しているようであれば、必ずその要因を突き止め、改善策を講じ負担の平準化を図る。当人の実務処理能力の問題に起因する場合もあるが、支店経営はチームプレイだから、当人の実務力を高める教育をしつつも、他方では、同僚に応援させて負担を軽減し平準化するよう指示することが大切だ。

特定人への残業の偏りは、当人の精神的・肉体的負担が多く、長期間放置しておくと次第に注意力が散漫となってミスを誘発しやすくなる。「正確」を追求するには、そのベースとして、部下たちの負担をできるだけ平準化し偏りをなくすことである。

②派遣社員の残業はどうか

ピーク日等を除けば、派遣社員の残業は「０」とすべきである。例えば、正社員が先に帰って派遣社員が残業して残務処理しているというようなことはあってはならない。これでは主客転倒だ。

③総残業の推移を把握

課別、係別、作業域別に残業総時間の推移をチェックする。金融機関は、概ねサイクリック（周期的）に物事が進んでいるので、特に「前年同月比」チェックが大切だ。前年同月と比較して当月が極端に多くなっている、あるいは極端に少なくなっているような場合には、その要因を突き止める。極端に少なくなっているような場合にその要因を調べたところ、本来処理すべきこと（例えば処理済み帳票等の本部移管）が手付かずになって放置されている、というようなこともある。

こうしたチェックもまた「正確」維持への地道な取組みである。

(2) 迅速

ビジネスにおいて迅速さ（Speed）は正確さに次いで重要となる。いかに正確であっても、あまりにもスローだったらお客様のクレームやトラブルを引き起こす原因となる。

ピーク日にお客様をお待たせし過ぎてクレームに発展することがある。取引先から、調べればすぐに分かるようなことを「至急調べてほしい」と電話で頼まれ「調べてすぐに折り返します」と返事しておきながら、1時間も2時間も経ってから返事をする。あるいは面倒くさがって「どうせまた電話があるだろう」などと放っておいたりする。こんなケースでもトラブルやクレームにつながっていくことがある。

したがって、「迅速」さはリスクの予防策である。

それに、正確の上に迅速であればお客様の満足度は増し、CS上も望ましいことであり、迅速さは競合他金融機関との競争の武器ともなる。

「迅速」さは、標準化やシステム化による効率化・合理化、部下のスキル向上など「正確」を追求していく過程で得られるが、それに加えて、

①優先順位付けの巧みさ：物事に取り組む際の「何から手をつけていくのが最も効率的で合理的か」という優先順位付け

②段取りの良さ

も欠かせない。

今やるより後からまとめて処理したほうが早く終わる仕事もあるし、どんなに忙しくても面倒であっても、発生の都度完結していくのが最も合理的なタイプの仕事もある。こうしたことは、業務処理や商品や契約書類の重要性や難易度、繁閑度（量の多寡）や直面する取引先の求める要求内容や求められている期限などが絡み合う中で、総合的に判断しながら常に適正な優先順位付けをするよう努力することによって実践される。「迅速」さはそうした巧みな優先順位付けによって実現していくものだ。

また、段取りの良さも忘れてはならない。頼まれればすぐに出せるよう関係書類を事前にセットにして書類棚に準備しておく、月末になると発生するような特殊な取引があれば月末前日までにできる準備を完結しておく。何事につけ、物事がうまくいくよう事前に準備しておく。こうした段取りの良さが「迅速」さを実現する。準備を万全にしておけば慌てないで済む。

支店長としても、担当者の知恵や創意工夫に任せきりにせず、日常業務の中で、優先順位付けや段取りがうまくなされているか、目配りしておきたいものだ。

(3) 約束を守る

支店では、「○時（日）までに○○に関して報告します、書類を届けます、○○の処理を完結します、○○に関する結論を出します」など、取引先との間、支店の部下たちの間、本部所管部門との間など、様々な関係者間で「約束」がなされている。その一つひとつのすべてに支店長がかかわっているわけではなく、大半の約束事は支店長の知らないところでなされている。したがって、支店長は、すべての約束がそのとおりに守られているかどうかを知ることはできないし、チェックすることもできない。

支店長が知るのは、多くの場合、なされた約束が守られなかった結果、当該関係者から「約束したのに未だできていない」などといったクレームが発生した時だ。

だから、支店長は、部下に対し、日頃から「約束」する相手が誰であれ、次の点についてきちんと教育指導しておくことが大切だ。

①約束したことは必ず「記録」する（ＰＣ上での管理が最も適切と思う）
②約束したことは期限を定め必ず守る
③できないような約束はしない
④重要な約束ごとは担当課長や係長、場合によっては支店長の耳に入れておく

正確、迅速、約束を守る――これがリスクマネジメントの基礎となる「予防」の基本である。

●不祥事リスクの予防について

支店内で起き得る不祥事としては、

①パワハラ、セクハラ、違法行為
②現金・預金の遣い込み
③取引先との癒着

がある。

それぞれについての予防策は次のとおりである（各金融機関にはこれら以外にそれぞれ固有の予防ルールがあると思うが、それらと併用していただきたい）。

①パワハラ、セクハラ、違法行為

これらの予防策は、支店内のコミュニケーションが活発で風通しの良い風土づくりに心がけていくことだ。支店が生き生きとして活気あふれる職場環境にあれば、一定の緊張感の中で部下たちがお互いに信頼関係を築けるようになり、良い意味での相互けん制も働いてきて、後記②、③を含めて、不祥事は起きにくくなる。

したがって、特に、職位者に対しては、日頃から自由闊達な職場づくりの重要性を認識させておくことが大切だ。

②現金・預金の遣い込み

現金・預金の遣い込みといった「不正」は、遣い込まれた取引先からの訴えがあって初

めて発覚する。取引先に高齢者が多くなってきている現状から、今後、発覚が遅れるケースも増えてくるものと予想される。

予防策としては、多くの金融機関が採用していると思うが、①少なくとも年1回は全員に交代で7～10日程度の長期休暇を取得させる、②担当先を一定期間ごとに交代させる、③担当者任せとなっている取引先に関して少なくとも6ヵ月に一回程度は役席者が同行訪問する、④主要取引先に対しては一定期間ごとに残高通知を出す――といったことが考えられる。

③取引先との癒着

癒着の例としては、特定の不動産業者と組んで取引先の不動産売却情報を優先的に流し、ひそかに「袖の下」（賄賂）をもらう、特定取引先に対して極端に甘い審査判断をして融資実行しその見返りに度を越した接待を受ける、など様々なケースが考えられる。

予防策としては、日常業務における上司によるダブルチェック強化と、前②と同様、担当先を一定期間ごとに交代させる、担当者任せとなっている取引先に関して少なくとも6ヵ月に一回程度は役席者が同行訪問するといった対策をとっておくことだ。

なお、部下たちには、こうした予防措置は、部下を信用しないから行うのではなく、部下を守るために行うものであることをよく理解させておくようにしたい。

2　債権管理では予兆を察知

与信リスクへの備えは、各金融機関によって多少定義の差はあるが、要注意以下の債権に関しては、延滞回数や回復見込み、実質損失見込額などによって何段かに区分して管理されており、本部所管部門と個社別の取引方針が決められている場合が多い。

日常業務はこの方針に沿って行われ、「要注意」以下の取引先に関しては比較的頻度高く現況をチェックするが、それ以外の取引先に関してはあまり注意を払わない。基本的にはこの備え方で良いのだが、しかし現実に起きていることを考えると、必ずしも十分な備えになっているわけではない。

連続業績不振で内部格付けが「要注意」や「破たん懸念」の取引先であっても、したたかに延命している取引先がけっこう多い一方で、安心しきっていた取引先が突然倒産する、経営不振に陥るといったことがしばしばあるということだ。

格付けに頼り過ぎているとこうしたことが起きてしまう。

格付けは、あくまでも過去（短い場合でも２〜３ヵ月前、長い場合には１年前）の財務数値に基づくものである。したがって、現場で日々取引先に接し、いつでもリアルタイムに話が聴ける立場にある支店長は、格付けを頼りに与信リスクへの備えをするだけでは不十分だ。大切なことは、日々の活動の中で、できるだけ幅広く多くの取引先を訪問し、「現在」の実態、実力を把握し、実質的な債権管理を実践していくことである。

「格付け」が良好で心配ないと思っているような取引先からの借り増しの申し出であっても、定評のある優良企業の場合は別として、資金使途や返済原資を詳しく聴きもせず「格付け」だけを理由にその場で軽率にOKを出すようなことは避けるべきだし、同様に、格付けが低い取引先から「○円貸してほしい」といった申し出に対しも、その理由を詳しく聴きもせずその場で「おたくにはもう枠がありません」と杓子定規な回答をすることも避けるべきだ。

いずれの場合も、せっかく「現場」にいるのだから、過去の財務数値に基づく格付けだけで判断するのではなく、取引先の今の「現実」（リアルタイム）の真の姿を正確に把握した上で判断していくことが大切だ。この基本ができていないと、「不意打ちを食らう」リスクが増える。

現場を預かる支店長として最も恥ずべきは「不意打ちを食らう」ことである。安心しきっていた取引先から突然「長い間、粉飾決算していました。もはや事業が立ち行かなくなりました」と打ち明けられ債権回収が困難になるようなケース。あるいは、「最近社長の様子がいつもと違うな」と変な予感があったものの、忙しさにかまけて深く追及もしていなかったら、別の同業の取引先から「あそこはもうだめらしいよ」と耳打ち情報があったようなケース。

こうしたケースに遭遇すると残念でしかたない。

不意打ちを食らわないためには、格付けのいかんを問わず、特に、①かねてより業況が不安定、②突然の借り増し依頼が多い、③事業の実態をよく把握していない（何をやっているか正確なところが分からない）、④何となく違和感がある（漠然とした不安がある）、といった取引先に関しては、日頃から次のような点を注意深く観察し、疑問な点があればすぐにヒアリングするようにしておく。

①売上高の急減

業況の変化をいち早く察知できる数値は、何と言っても「売上高」だ。売上高を毎月報告してもらうか、定期訪問の際にヒアリングするなど、できるだけ「月次売上高」を把握する。なお、事業の実態（売上と仕入、売上総利益の詳細構造等）が良く分からないような取引先に関しては、事業内容や事業の骨格、キャッシュフローなどを詳しく聴いておく。

②月次資金繰りの悪化

売上高が急減していないような場合でも、売掛金が未回収になったりすると突然資金繰りが悪化する。月次の資金繰表（計画）をもらう。

③従業員が減った、経理部長が交替した

経営者から事前に相談や報告でもあれば別だが、人員整理をしているような情報が入ってくれば事態は深刻である。また、ベテランの経理担当が交替になったような場合も要注意だ。着服・横領といったケースもあるし、リスクを察知して早めに退職してしまうようなこともある。こうした場合も、取引先に理由を聴く。

④売掛サイト、買掛サイトの長期化

売上高に大きな変化はないのに、前期と比較して在庫が増えている、売掛金が増加している、買掛金が増加している、というようなケースも要注意。資金繰りがうまくいっていない可能性がある。逆に、売上は伸びているのに、買掛金、売掛金が減少している、在庫が減少している、諸費用が減っているといったケースも要注意。粉飾の可能性がある。

⑤経営者の行動に変化

例えば、いつも午後は必ずといってよいほど会社にいる社長が、最近外出が多くなってなかなか会えない、愛想の良い社長の顔色が最近冴えない。こんな場合は、「どうしたのでしょうか？」と適切に問いかけ理由を聴く。

⑥業界の噂

火のないところに煙は立たない。同業者間の情報は豊富だから「○社は最近、大口売掛金の踏み倒しに遭ったようで、資金繰りが大変らしい」「社内に内紛があって社長と専務の経営方針に関する対立が激しく、それが影響して売上が相当落ちているらしい」「海外進出したのに受注はさっぱりで相当赤字らしい」など様々な噂が飛び交っている。そうした噂を聴いたら、その出どころを調べ真偽を確かめる。同業者の噂は正確なことが多い。

⑦主力金融機関の変化

金融機関の激しい競争に照らせば、特に優良先と目されているような取引先に関しては、どの金融機関も主力の座をみすみす失うようなことはまずないから、主力金融機関が突然変わったような場合は要注意だ。主力金融機関は当該取引先に関する情報量が多いので、「先に逃げる」こともあり得る。

また、取引金融機関の数が増えたり減ったりするのも、往々にして業況変化の兆しである。増えていれば、既存金融機関で調達できないような後ろ向き資金需要が増えている可能性があるし、減っているようなら既存金融機関が「逃げている」可能性を否定できない。主力金融機関の変化、取引金融機関の増減などがあった場合には、必ずその理由を聴いておくことである。

このような様々な「予兆」の察知により、確かめたところやはり事業継続に懸念があったり、当面の資金繰りに行き詰まりが発生しそうなら、さらに詳細に取引先とじっくり相談し、取引先の具体的な要請を明確化していく。

本部所管部門に報告し相談しつつ支援策（債権圧縮策）を慎重に判断し、他金融機関の動向も見定めながら対処していくことになる。

3 リスク発生時の対処策

⑴速やかな報告体制

リスク発生を予防する一方で、不幸にしてリスクが発生した場合や顕在化した場合の対処策を万全にして、できる限り被害を最小限にする周到さを習得しておくことを忘れるわけにはいかない。

重要なポイントは次の4点だ。

①速やかな報告体制
②事実関係の正確な把握
③原則に沿って対処
④原因究明

この中で最も重要なことは、ことの軽重を問わず、リスクが発生した場合や顕在化した場合には、そのすべてを「速やかに報告」させることである。

いちいちメモに記録してから報告させるのではなく、まずは口頭で、ともかく一刻も速く報告させることである。初動の遅れが、なお一層傷口を広げてしまうことは実に多いから、それがどんな些細なミスや応対のまずさに起因するクレームやトラブルであっても、発生した場合には、必ず即刻報告させる。

担当レベルで対応を適切かつ速やかに行ったため、大きなトラブル等に発展せずにうまく収まり事なきを得た場合であっても必ず報告させる。そのミスやトラブルの真の「原因」を徹底的に追及して、再発させないための具体的防止策を立て、それを関係メンバーに周知徹底し、支店組織の中で再発せぬよう学習されていかなければならないからだ。

往々にして、自分の犯したミスやそれに起因するトラブルに対し、当人や担当職位者の多くは「支店長に報告せず、自分のところ（課（係））で何とかうまく済ませないだろうか、大げさにしないでうまく処理できないだろうか」と考え時間が経過し、傷口を広げてしまうことがあるものだ。日頃から部下とのコミュニケーションがとれていれば、ある程度は防ぐことができるが、支店長として、これをやられたら大変困る。

債権保全に関しても同様である。前項「債権管理は予兆を察知」でも指摘したように、不良債権発生に至るまでにはいくつもの「予兆」がある。日頃から取引先と接している担当者が、「最近、社長の元気がない。何かあるのだろうか」と感じた場合など、速やかに報告させる。こうした「報告体制」をしっかりと構築しておくことが最重要だ。

この際特に注意したいことは、決して「メモに書いてから報告しろ」「係長や課長に相談してから報告しろ」などと形式にこだわるな、ということだ。また、日頃、部下に対して高圧的でトップダウンになり過ぎていたり、業績低迷の怒りをストレートに表したりしていて、なんとなく支店長と部下との間に溝が広がっているようなケースでは、いくら口うるさく即刻報告を指導していても、現実には、部下が支店長の顔色をうかがって報告を躊躇してしまうようなことも起きがちだ。

トラブルの相手側からすれば、支店の中でメモを書く時間や、係長や課長に報告し相談している時間、支店長への報告を躊躇している時間などは、単に「対応が遅い」とイライラを駆り立てたり傷口を広げる「時間の浪費」に過ぎない。最も重要なことは、とにかく発生したリスクにどのように的確に対応するか、速やかに対策を決め行動に移すかである。したがって、報告が遅かったようなケースがあれば、これを厳しく注意する――「報告遅延」こそが最大の罪である。

このように、支店内では、支店長への即刻報告を徹底する一方で、支店長も、内部ルールに沿って本部所管部門への速やかな報告を行う。くれぐれも、これは支店内で片付きそうだから本部には黙っていよう、などと「担当者レベル」の思考をしてはならない。支店長は経営幹部である。

内部ルールで報告が義務付けられていないようなケースは、支店長の判断で報告するかどうか決めることになるが、あまり絞り込まずやや広めに報告しておいたほうがよい。なぜなら、その時は大丈夫だろうと思って報告しなかったトラブルが、後刻ことが大きくなって本部報告が必要になるようなケースがけっこうあるからだ。

本部所管部門には、経験豊富な専門家もいるし多くの具体的案件を扱ってきているので、適切な対応に関する情報量も多く、より的確な指導やアドバイをしてくれる。くれぐれも、本部所管部門への報告遅れや報告漏れが、対処策を誤り傷口を広げるような結果にならないよう注意したい。

(2) 事実関係の正確な把握

報告に次いで重要なことは、「事実関係」を正確に把握することだ。ミスやトラブルなどの場合には、まずは、当該担当者や職位者などを集め、支店内にある情報に基づき事実関係を把握する。

この場合留意したいのは、次の3点である。

①慌てて取り乱さず平常心をもって対応すること
②できるだけ網羅的に事実関係を把握するよう細心の注意を払うこと
③部下たちの話は、えてして（悪気がなくても）自分や支店の都合の良いような解釈をして、こちら側に非がないような話になってしまいがちになること

これらのうち特に③には注意しておきたい。

部下は一種の防衛本能（自分は悪くない）が働くから、どうしても相手側に非があるような解釈や説明になってしまうようなバイアスがかかりやすい。とりわけ、「言った言わない、聴いた聴いていない」「説明の仕方が悪い、待ち時間が長すぎる、態度が悪い」といった水掛け論になりそうなトラブルやクレームなどの場合には、余計その傾向が強くなる。

支店長としては、できる限り中立的な立場に立って、「お客様サイド」の主張や反応などに関しても部下から詳しくヒアリングするよう努力する。どうも納得がいかないような場合には、当該担当者および担当役席者にお客様を訪問させ、再度お客様から事情等を詳しく聴くようにし、その報告を受ける。必要であれば自分も同行し、事実関係の正確な把握に努める。

支店内部およびお客様を含めた事実関係の把握が済んだら、これを正確に記録し、それに基づいて対処策を決める。

(3)原則に沿って対処

事実関係が把握できたら、対処策ができたも同然である。当方に非があれば素直に非を認め、修復の上（過誤の訂正等）、丁重に謝罪する。

お客様に非があれば、納得いただくまで説明して理解を得る。

お客様との交渉経緯等は、日時を含め正確に記録しておく。

●不当な要求への対応

どちらに非があるにせよ、相手側から不当で過剰な要求等があれば、本部所管部門に相談した上で、これを毅然として断る。

謝罪文を出せ、損害を賠償しろ、頭取、社長、理事長など経営トップが謝罪しろ等々、様々な要求があるが、いずれも、それが常識を超えるものであれば「不当」なものとして断る。相手側が脅して暗に金銭を要求したり不法な行為に出そうであれば、予防的に警察当局に通報しそのサポートを得る。

謝罪文の要求は比較的多いと思うが、これへの対応も注意を要する。「相手の気が済む」のなら早く終息させたいからと、軽々にさっさと謝罪文書を作って渡してしまうようなことは避けたい。

事の軽重にもよるが、少なくとも、世間常識（支店長自身や部下たちが持っている世間的な常識）からして、「口頭謝罪」で十分済みそうなケースなら、繰り返し相手先に誠実に謝罪し口頭で済ませるようにする。

仮にやむを得ず文書を提出する場合には、後日再度のクレームや不当要求等が発生せぬよう、文言表現には細心の注意を払わなければならない。必ず本部所管部門のチェックを受けてから提出すべきだ。

(4) 原因究明

こうして、対処が完了したら、次は「原因究明」である。ミス（不正確な業務処理等）や法令違反や規則違反が発生し、またそれが起因となってトラブルやクレームが発生した場合には、これを糧として支店組織として学習し、二度と発生させぬよう周到な再発防止策を具体的に立案し、これを支店関係者に周知徹底し実践させていかなければならない。ていねいに原因を究明し、再発防止策を立て、再発させない。

原因究明には、「**なぜなぜ3回**」という手法を使うと良い（トヨタの原因究明術「なぜなぜ5回」が有名だが、金融機関の場合には大半が「なぜなぜ3回」で済む）。

すなわち、なぜそれが起きたのか、その問いかけを3回繰り返すのだ。

例えば、預金通帳への現金入金記帳の際、紙幣の数え間違いをして実際の入金額より少ない金額で記帳する、というミスが発生した場合を考えてみる。

なぜ1回：なぜ紙幣の数え間違いをしたのか？

回答1回：普段なら規定どおり必ず2回数えるのに、その時は慌てていたから1回で済ませてしまった。

これだと対策は「どんなに慌てていても規定どおり必ず2回数えること」で終わる。

なぜ2回：なぜ慌てていたのか？

回答2回：お客様が多く、待ち時間が気になったから。

ここで済ますと、対策は「待ち時間を気にすることも大切だが、優先順位は正確が第一だ」となる。

なぜ3回：待ち時間はなぜ長くなってしまったのか？

回答3回：窓口応援に入る予定の○○さんが急病で休み、窓口人数が足りなかったから。

ここまでくると、真の原因は、実は、

①2回数えるという規定を守らなかったこと

②必要だった応援者が入らず窓口が人手不足だったこと

の2つが重なっていたことが分かる。

これは極めて単純な事例だが、現実に起きるすべてのミスや法令違反や規則違反等に関しても、この「なぜなぜ3回」は適用できる。「なぜ」を3回繰り返し、真の原因を突き止め、同じことを二度と発生させぬよう周到な再発防止策を具体的に立案し、部下に周知徹底し実践させ、組織が学習していく仕組みを構築しておくようにしたい。

おわりに

任命されれば誰もがその日から支店長になる。しかし、その基本として心得ておくべきこと、実践として承知しておくべきことがある。多くの支店長がこれを習得することによって、支店長自身の質だけでなく支店の質が上がり、支店長が異動しても、取引先やお客様にすれば、安心してより安定（一貫）した取引関係が維持できる。部下たちにとっても、異動の度に一喜一憂する面倒さが減り職務に専心できるようになる。

その結果、次第に最前線の「現場」（支店）の感度は磨かれ強くなり、取引先との信頼関係も強化されてくる。金融機関が果たすべき基本的な役割に加え、提案力、商品開発力、コンサルティング力など、取引先やお客様への対応力も強化されてくるし、ビジネスチャンスも広がっていく。そして、全体として当該金融機関の経営力も向上していく。

話が少しそれるが、支店長になると、地域の名士の一人だから、地域の新年会や取引先の冠婚葬祭や様々な会合に招かれることがある。そうした場合、支店長の席順は、通常、メガバンクが最上席に座り、地銀、信金信組と続くのが普通だ。規模が大きい順にしておけば差し障りがないから、主催者はそのような世間の序列で席順を決める。それは一つの理屈であり、ある種の公平性もあり出席者は誰も異を唱える者もなく不思議に思わない。

しかし、間違えてはならないのは、支店長の力量もそのような順番で既に決まっている、その金融機関のその地域における貢献度や実力もそうなっている、ということではないということだ。さすがに難しい入社試験に受かっただけのことはあってメガの支店長は偉く見えるかもしれないし、当人もそう思っていることが多い。逆に地域金融機関の支店長の中には、何事につけ自分から半歩下がってしまうような人もいる。

支店長がそうだから、部下たちもそう思う傾向が強くなる。

しかし、この心理は危うい。至極当たり前のことだが、属している金融機関の規模の大小で、そのテリトリーにおいてその金融機関や支店長が果たしている役割の大小が決まるわけではない。

重要なことは、金融を通じて取引先企業を育成し経済を活性化させていくという金融機関の役割を強く認識して、その地においてどれだけ真剣に取引先と向き合い、それを実践しているかである。支店長以下店内全員がこの点において他より勝っているかどうかを評価基準として真の序列が決まるのだ。

大きいから強いのではなく、基本を習得し実践し鍛錬しているから強いのである。

同じマーケット（地域）で、ほぼ同じ商品、機能を提供しながら戦っているわけだから、メガの支店長も地域密着型金融機関の支店長も、ビジネスをやる上では同等対等であり、規模による差はなく、イコールフッティング（同条件）だ。

少なくとも、お客様である取引先はそのように思っている。

平成25年4月30日、金融庁は「監督指針」の改正を実施、「新規融資を含む積極的な資金供給を行い、顧客企業の育成・成長を強力に後押しするという金融機関が本来果たすべき役割を一層促していくことが求められている」とし、「特に中小企業・小規模事業者向けの融資判断に当たって、スコアリングによる定量面（P／L、B／S）の審査に偏重することのないよう、どのような工夫（定性面の評価等）、取組みを行っているか」「顧客企業のライフステージに応じたコンサルティング機能を新規融資に結び付けるため、具体的にどのような工夫・取組みを行っているか」といった観点を新たに加えている。

本書で指摘した、取引先に近づいて取引先と同じ目線で適切に問いかけ、その生の声に耳を傾け、取引先の事業の骨格を知り、基本となっているキャッシュフローを把握し、取引先の真の姿に迫っていく「目利き力」を磨き、より適切な金融支援を実践していくことの重要性が一層高まってきていることを、改めて認識しておきたい。

平成25年8月　著者

著者

大内　修（おおうち　おさむ）

1947年５月静岡県生まれ。70年３月中央大学卒業、三菱銀行（現三菱東京 UFJ 銀行）入行、青山支店業務課長、事務部次長、人事部次長、深川支店長、支店第三部長、業務開発部長、理事個人部長などを歴任。98年５月同行を退職しダイヤモンドリース（現三菱 UFJ リース）入社、取締役企画部長、常務取締役企画部長を経て、2003年３月から㈱三菱電機クレジット代表取締役、07年３月㈱ MMC ダイヤモンドファイナンス代表取締役、12年６月退任。

主な著書として、「金融マンが書いた中小企業のための経営の勘所八策」（2013年近代セールス社刊）、「支店長の仕事」（95年近代セールス社刊）、「エレクトロニックバンキング」（83年銀行研修社刊）などがある。

これが支店長の仕事だ

2013年９月８日　初版発行
2015年７月28日　第２刷

著　者――――大内　修
発行者――――福地　健

発行所――――株式会社近代セールス社
http://www.kindai-sales.co.jp
〒164-8640　東京都中野区中央1-13-9
TEL：03-3366-5701
FAX：03-3366-2706
印刷・製本――三松堂株式会社

ISBN 978-4-7650-1209-6